Sommaire

Alibis 31

Été 2009   Vol. 8 n° 3

Illustrations

Bernard Duchesne : 7, 37, 43, 53
Suzanne Morel : 99, 111

Bernard Duchesne, en tant qu'illustrateur, collabore avec Alibis depuis le début. Également designer et sculpteur, il réalise des murales et des éléments d'exposition pour les musées et centres d'interprétation. Il se distingue surtout en illustration historique et images de polar – il a notamment réalisé plusieurs couvertures pour les éditions Alire. Bernard Duchesne s'intéresse aussi, d'une manière plus personnelle, à la création libre. Ses carnets d'aventures nous font voir un goût marqué pour le travail sur le motif. De retour en atelier, il approfondit différents médiums et techniques picturales. Il expose en permanence à la Galerie d'art Jacques-Cartier, à Cap-Rouge, et offre des ateliers personnalisés dans différents domaines.
www. bernardduchesne.com

Alibis 31 en ligne
www.revue-alibis.com

Prix Alibis 2010

Le Prix ALIBIS

s'adresse aux auteurs du Québec et du Canada francophone et récompense une nouvelle de polar, de noir ou de mystère

DISPOSITIONS GÉNÉRALES

Les textes doivent être inédits et avoir un maximum de 10 000 mots (60 000 caractères). Ils doivent être envoyés en trois exemplaires (des copies, car les originaux ne seront pas rendus). Afin de préserver l'anonymat du processus de sélection, ils ne doivent pas être signés, mais être identifiés sur une feuille à part portant le titre de la nouvelle et les nom et adresse complète de l'auteur, le tout glissé dans une enveloppe scellée. La rédaction n'acceptera qu'un seul texte par auteur.

Les textes doivent parvenir à l'adresse de la rédaction d'**Alibis** :

Prix ALIBIS, C. P. 85700,
Succ. Beauport, Québec (Qc) G1E 6Y6

Il est très important de spécifier la mention « Prix ALIBIS ».

La date limite pour les envois est le **vendredi 19 février 2010**, le cachet de la poste faisant foi.

Le lauréat ou la lauréate recevra une bourse en argent de 1000 $. De plus, il ou elle pourra s'envoler pour la France afin d'assister à un prestigieux festival de polar, voyage offert par le **Consulat général de France à Québec**. Le nom du gagnant ou de la gagnante sera dévoilé lors de l'édition 2010 du **Salon international du livre de Québec**. L'œuvre primée sera publiée en 2010 dans le numéro d'été d'**Alibis**.

Les gagnants des Prix **Alibis** des trois dernières années ne sont pas admissibles.

Le jury est formé des membres de la direction littéraire d'**Alibis**. Il aura le droit de ne pas accorder le prix si la participation est trop faible ou si aucune œuvre ne lui paraît digne de mérite. La participation au concours signifie l'acceptation du présent règlement.

Pour tout renseignement supplémentaire, contactez Pascale Raud, coordonnatrice de la revue, au courriel suivant :

raud@revue-alibis.com

Présentation

(RÉ)ACTION
(RÉD)ACTION
(RÉTRO)ACTION

À la lecture du titre de cette présentation, vous aurez compris quel en sera le maître mot. L'action ! Prenez par exemple le Prix Alibis… Trente-deux personnes, dont quinze femmes, sont passées à l'action cette année et nous ont envoyé le fruit de leur labeur. Or, si les membres du jury ont choisi à l'unanimité comme grande gagnante de la cuvée 2009 la nouvelle « Summit Circle », de **David Sionnière**, leur réaction, devant l'excellent niveau des textes reçus, a été de proposer que l'on souligne le travail de deux autres participants. Ainsi donc, monsieur Sionnière mérite la bourse de 1000 $ offerte par *Alibis* et le voyage en France, une gracieuseté du Consulat général de France à Québec, qui lui permettra d'assister au prestigieux Salon du polar de Montigny-lès-Cormeilles. Quant à messieurs Richard Ste-Marie et Sébastien Aubry, qui étaient aussi présents lors du dévoilement officiel qui s'est déroulé le jeudi 16 avril dans le cadre du Salon international du livre de Québec, ils ont reçu chacun une bourse de 250 $ et verront leur texte publié dans notre prochain numéro. Félicitations à nos trois gagnants.

Je vous parlais d'action… C'est ce que vous trouverez dans « Summit Circle », ce texte qui a emballé le jury de par l'originalité de sa structure narrative. À travers les différentes pièces justificatives proposées au lecteur, c'est le travail quotidien des policiers – et du coroner, du médecin légiste, du préposé au 911… – qui s'active devant nos yeux, et dont l'aboutissement expose la glaçante horreur de la réalité.

Les trois autres fictions de ce numéro estival sont aussi le résultat d'une action particulière. De fait, nous avons envoyé à quelques auteurs (triés sur le volet, il va sans dire !) l'illustration de la couverture en leur proposant de s'en inspirer afin de rédiger une nouvelle polar. Trois braves ont brillamment relevé le défi (action, action…) et c'est avec plaisir que nous vous les présentons. Tout d'abord **Robert Soulières**, l'éditeur jeunesse bien connu, propose, dans « La Sirène du lac Wareau », une lecture très noire de la traditionnelle partie de pêche. Comme quoi le mélange joint et boisson, parfois… **André Marois**, un habitué de nos pages, imagine (ou dévoile?) dans « Le Lac aux Adons » une arnaque que pratiquent certains de nos concitoyens. Mais le narrateur, lui-même enclin à l'action peu légale, décide de faire son profit de cette magouille. On le devinera, il s'ensuivra des gestes plutôt regrettables! Enfin, dans « Le Rire de la mouette », **Benoît Bouthillette**, *alter ego* spirituel de Benjamin Sioui, place son enquêteur huron-wendat à l'infatigable verve poétique au cœur de son Charlevoix adoré… mais le cadavre qui flotte sur le lac ravive bientôt sa fibre dénonciatrice. (Nos lecteurs qui ont l'œil auront aussi remarqué la situation inusitée qu'ont générée ces trois textes. Inspirés par la couverture signée Bernard Duchesne, ils ont été illustrés par… Bernard Duchesne!)

Outre les chroniques habituelles, deux articles aux sujets originaux complètent notre sommaire. Tout d'abord, **Pierre-Mathieu Le Bel**, dans « De la surface aux réseaux: nouvelles spatialités du polar montréalais », aborde le continent polar à la façon d'un géographe, ce qui n'est guère surprenant – contrairement à son article – puisqu'il est doctorant en géographie à l'Université d'Ottawa. Et qui, mieux que **Daniel Naud**, aurait pu nous entretenir de cette mort qui est omniprésente dans les polars mais qui, dans la réalité, est littéralement devenue un tabou? Thanatologue de profession, Daniel nous parle, avec respect et sobriété, d'un des aspects de son travail, qui consiste à récupérer et à transporter les dépouilles mortelles, ce qu'on appelle les « cas de morgue ».

En terminant, tout en rappelant que vous pouvez, en visitant notre site Internet, télécharger gratuitement le volet en ligne de ce numéro (tout sur le cinéma polar, les essais sur le genre publiés pendant le trimestre et encore plus de critiques de livres), je signale qu'il est dorénavant possible de « feuilleter » *Alibis* en ligne. Cette fonction, qui donne un avant-goût des numéros que vous n'avez peut-être pas encore en main, est elle-même un avant-goût de ce qui se profile à l'horizon, à savoir la possibilité d'acquérir et de lire *Alibis* sur le support numérique de votre choix (par exemple un iPhone, sur lequel nombre de nos lecteurs consultent déjà régulièrement nos suppléments gratuits).

Quand je vous disais que le maître mot de cette présentation allait être « action »…

Jean Pettigrew,
pour la rédaction

Comité de rédaction et direction littéraire :
   Martine Latulippe, Jean Pettigrew

Chroniqueurs : Jean-Jacques Pelletier, Christian Sauvé, Norbert Spehner

Éditeur : Jean Pettigrew

Site Internet : http://www.revue-alibis.com

Webmestre : Christian Sauvé

Abonnement : Voir formulaire sur cette page

Publicité : Pascale Raud
   raud@revue-alibis.com
   (418) 525-6890

Trimestriel : ISSN 1499-2620

Date d'impression : juin 2009

Nous reconnaissons l'aide financière accordée par le gouvernement du Canada pour nos coûts de production et dépenses rédactionnelles par l'entremise du Fonds du Canada pour les magazines.

Alibis est une revue publiée quatre fois par année par les Publications de littérature policière inc.

Dépôt légal à la Bibliothèque nationale du Québec
Dépôt légal à la Bibliothèque nationale du Canada

© **Alibis et les auteurs**

Summit Circle

DAVID SIONNIÈRE

Bernard Duchesne

Retranscription de l'appel du lundi 6 octobre à 18 h 25

OPÉRATRICE : « 911, en quoi puis-je vous aider ? »

VOIX D'HOMME : « Oh mon Dieu ! Je crois qu'il est mort. Il est là, en bas, et il est mort ! »

OPÉRATRICE : « De quoi parlez-vous, monsieur ? »

VOIX D'HOMME : « Oh mon Dieu ! Mon Dieu ! »

OPÉRATRICE : « S'agit-il d'une personne décédée ? »

VOIX D'HOMME : « … »

OPÉRATRICE : « Avez-vous besoin d'aide ? »

VOIX D'HOMME : « Il faut que la police vienne ! »

OPÉRATRICE : « Êtes-vous présentement menacé ? »

VOIX D'HOMME : « Dites à la police de venir ! »
OPÉRATRICE : « Monsieur, pouvez-vous me dire où vous vous
trouvez ? »
VOIX D'HOMME : « Summit Circle. Au nord. Je suis avec mon
chien… »
OPÉRATRICE : « Ne bougez pas, monsieur, je vous envoie un
patrouilleur… »

Déposition de l'agent Tony Borman, matricule 4035 du poste 12

J'ai reçu le 902[1] vers 18 h 30 et je suis arrivé sur les lieux
cinq minutes plus tard. J'ai vu sur le chemin qui borde la route un
homme tenant en laisse un gros chien et qui me faisait de grands
signes. Quand je suis sorti de mon véhicule, le chien s'est mis à
aboyer après moi. J'ai demandé à son maître de le faire taire, mais
comme il n'y parvenait pas, il est allé l'attacher un peu plus loin
au rail de sécurité qui sépare le chemin de la route. Quand il est
revenu vers moi, j'ai cru qu'il était saoul. Ses propos étaient in-
cohérents. Son chien aboyait continuellement et ça lui tapait sur
les nerfs. Il m'a parlé d'un corps dans le bois, il disait que c'était
affreux, qu'il était mort. Il n'arrêtait pas de demander à son chien
de se taire. C'était complètement décousu. Je lui ai demandé s'il
le connaissait, s'il savait qui était mort, mais il semblait ne pas
m'entendre. Je ne pouvais pas le laisser seul le temps que j'aille
voir de quoi il parlait. Je l'ai fait s'asseoir à l'arrière de mon
véhicule et Ève est arrivée.

Déposition de l'agente Ève Cossette, matricule 5697 du poste 12

Quand je suis arrivée sur Summit, Tony plaçait un individu à
l'arrière de son véhicule. Il m'a dit qu'il s'agissait d'un témoin.
Il ne voulait pas le laisser seul et sans surveillance le temps d'aller
inspecter le bois. Je lui ai proposé de rester avec lui et de prendre
sa déposition. À ce moment-là, deux autres patrouilleurs qui

---

[1]   Personne trouvée morte.

avaient reçu le 902 sont arrivés. Tony leur a expliqué la situation. Comme ils étaient du poste 15, ils nous ont proposé de rester avec le témoin pendant que nous irions dans le sous-bois. C'est notre secteur, notre terrain. Nous avons fait ressortir le témoin de l'auto-patrouille pour qu'il nous dise exactement ce qu'il avait vu et où ça se trouvait. Ensuite, les agents du poste 15 ont parlé avec lui pour le calmer. Il faisait presque nuit. On a allumé nos lampes et on s'est avancés dans le bois. Après être descendus de peut-être vingt mètres sur une pente assez raide, nous nous sommes arrêtés. Il n'y avait rien. On est remontés en s'écartant l'un de l'autre et en éclairant chacun de son côté. C'est là que je l'ai vu. Il était étendu à une dizaine de mètres sur ma gauche. J'ai crié et Tony m'a aussitôt rejointe. Nous avons enfilé nos gants et nous nous sommes approchés. Je n'avais jamais rien vu de tel. Tony a tout de suite passé un appel au central pour les informer de ce que nous venions de trouver.

Retranscription d'une communication interne des services de police le lundi 6 octobre à 18 h 47

— Ici l'agent 4035.
— Je t'écoute, Tony.
— Je confirme le 902. Il s'agit d'un 001[2].
— Je transmets le message… Ne quitte pas, je te passe le boss !
— …
— Oui, Borman, qu'est-ce qui se passe ?
— Je suis sur place avec l'agent Cossette, on a un 001.
— Vous êtes où ?
— En contrebas de Summit Circle, côté nord.
— Je fais boucler tout le secteur… On va fermer les accès par Oakland, Cres, Upper Bellevue et Belvédère. Vous, vous attendez sur place. Ça ressemble à quoi ?
— C'est pas beau à voir. C'est vraiment pas beau à voir, commandant.

___

2   Meurtre.

Rapport du lieutenant-détective Bouchard, de la section des crimes majeurs, au coroner enquêteur Sarah Lewis en date du 7 octobre

Arrivée sur le site à 19 h 20. Le labo est là. Nous attendons quinze minutes, le temps que les techniciens installent les groupes électrogènes et les projecteurs. Pendant ce temps, j'interroge le témoin qui a découvert le corps, un certain Georges Cormier, agent de voyages à Ville Saint-Laurent et résidant avenue Queen Mary à Montréal. Il dit avoir fermé son agence à 17 h, être passé chez lui prendre son chien puis s'être rendu en voiture jusqu'au parc Summit pour le promener. Au moment où il passait par Summit Circle pour rejoindre son auto garée à l'entrée du parc, son chien lui a échappé. C'est en le retrouvant dans le bois que le témoin a vu la victime. Il a aussitôt contacté le 911 aux alentours de 18 h 30. Un agent accompagne ensuite le témoin au poste 12 pour qu'il y fasse sa déposition officielle.

Les personnels du labo ont délimité un corridor d'accès à la victime en préservant les alentours du site de toute contamination autre que celles ayant déjà pu être causées par les premiers témoins. L'approche se fait perpendiculairement à la route à travers un boisé, d'abord en léger dévers, puis en empruntant une pente plus prononcée. L'accès est difficile. Le site se trouve au milieu de jeunes arbres, à une vingtaine de mètres en contrebas de Summit Circle. Il n'est visible ni de la route ni d'aucun autre chemin ou habitation. L'individu est étendu sur le dos. Le corps est orienté est-ouest, le haut du corps vers l'est. Il ne porte aucun vêtement. Il s'agit d'un individu de sexe masculin. De nombreuses mutilations sont visibles. Les pieds, les mains et la tête manquent. Le sectionnement des membres aux poignets et aux chevilles est net, rectiligne. Il semble avoir été pratiqué avec un instrument de type hache ou hachoir. Les marques de décapitation sur le cou ont été faites à l'aide d'un autre instrument. Elles sont irrégulières et présentent de nombreuses incisions secondaires. Les mollets, les cuisses et les bras sont décharnés, l'os est visible à certains endroits. Une large incision sous les côtes a été pratiquée. Il n'y a pas de trace d'écoulement de sang jusqu'au sol. La peau de l'individu est extrêmement dégradée, sur toute sa superficie. Elle a été brûlée. Comme si le corps avait été exposé à une chaleur intense durant un bref laps de temps. De nombreuses cloques sont présentes sur toutes les parties charnues. Une forte odeur de chair brûlée s'en dégage. Il n'y a aucune trace de brûlure sur la végétation alentour, ce qui peut laisser supposer que le corps a été transporté. Aucune trace de sang séché ou coagulé n'apparaît au sol sous les extrémités sectionnées. Cela confirme que ces mutilations ont été commises dans un autre lieu et que le corps a été déplacé. Étant donné la nature accidentée du terrain et la présence de très nombreux arbres entre la route et le site, le corps n'a pas pu rouler jusque-là. Toute projection à partir d'un véhicule est écartée. Le ou les suspects ont transporté à pied l'individu jusqu'à l'endroit où il a été découvert. Soit en descendant directement de Summit Circle – une descente périlleuse –, soit par une approche transversale à flanc de colline en empruntant par un point d'accès plus à l'ouest, vers l'avenue Oakland, une pente plus douce. Un premier ratissage est effectué le soir même et ne révèle aucun indice probant ni aucune trace de pas exploitable en raison d'un épais tapis de feuilles mortes. Un second ratissage plus large est effectué le 7 au matin et ne permet pas de retrouver les membres manquants ni les effets personnels de la victime, ou de découvrir toute autre information pertinente.

❖

Courriel. Date : 8 octobre. Expéditeur : Dr R. Lavollé, médecin légiste agréé. Laboratoire de science judiciaire et de médecine légale. Département de médecine légale. Destinataire : Coroner enquêteur Sarah Lewis

Objet : L'inconnu de Summit Circle

Chère Sarah,
Nous en avons terminé avec ton client. Nous l'avons, comme tu nous l'as demandé, traité en priorité et, crois-moi, il nous a donné du fil à retordre. Je t'ai joint en P.J. notre compte rendu. Voici les conclusions préliminaires auxquelles nous sommes parvenus :
– La victime est un homme de race blanche qui pèse dans les 155 livres (en estimant les parties manquantes) et mesure 5'9 (*idem*). Son âge est estimé entre 50 et 60 ans.

– Les brûlures visibles sur l'ensemble de l'épiderme sont de deuxième et troisième degrés. Elles ont été faites à l'aide de différents objets métalliques chauffés à blanc, appliqués de manière systématique sur chaque centimètre carré de peau au moins une fois, parfois deux ou trois, comme sur la zone pectorale ou l'intérieur des cuisses. Nous avons pu déterminer des marques de tisonnier et de lame de couteau. Il n'est pas exclu que d'autres objets aient pu être utilisés. Certaines plaies ayant partiellement cicatrisé, cela indique que ces sévices ont été infligés sur cet individu alors qu'il était vivant. Ils ont été commis sur une période de plusieurs heures, tout au plus deux jours.

– Les parties de chair et de muscles manquant sur les cuisses, les mollets, les biceps et triceps ont été découpées à l'aide d'un outil long et très affûté, de type couteau de boucherie. L'individu s'est fait proprement trancher sur les bras et les jambes des lamelles de chair de quelques millimètres d'épaisseur, parfois jusqu'à l'os, et la nature des saignements que cela a entraînés nous porte à croire que, là encore, il était vivant. Une partie d'un mollet a été endommagée *post mortem* par une mâchoire animale, probablement un chien.

– Le sectionnement des mains et des pieds a été effectué *post mortem* à l'aide d'un objet lourd et tranchant comme une hache. Quant à la décapitation, de nombreuses marques et déchirures indiquent l'usage d'un instrument à grosses dents, comme un couteau de chasse ou une scie à bois.

– La victime s'est presque entièrement vidée de son sang. Nous n'en avons retrouvé que des quantités résiduelles dans son système.

– Venons-en aux causes du décès. Il est clair que cet individu a été torturé sur une période de 24 à 48 heures sans que les blessures infligées lui soient fatales. Celui ou ceux qui ont commis ce crime ont pratiqué une incision sous le sternum à l'aide d'un instrument tranchant et ont littéralement arraché le cœur. Les caractéristiques des traces de saignements internes indiquent que cela s'est produit alors que le cœur battait encore. Étant donné que la décapitation a aussi engendré un abondant saignement, je penche pour l'hypothèse que ces deux événements aient pu survenir de manière concomitante, simultanée : incision du sternum, cœur arraché et en même temps décapitation. Cela signifierait qu'il y aurait au moins deux personnes responsables de ces actes.

– En fonction des différentes constatations observées, absence de signes de putréfaction, température corporelle, on peut situer la date du décès entre 24 et 36 heures avant sa découverte. Son séjour dans le bois ne remonte pas à plus de 12 heures en raison de l'absence de faune mais en présence uniquement d'œufs non éclos. Le corps a donc été conservé de 12 à 24 heures dans un endroit exempt de faune, puis transporté jusqu'à l'endroit où on l'a découvert, selon toute vraisemblance dans la nuit du dimanche 5 au lundi 6 octobre.

– Tous les fluides et les tissus prélevés sont partis au labo pour l'analyse toxico, ils t'enverront leur rapport dès qu'il sera prêt.

– Le reste de mes observations ne m'a pas semblé significatif et est consigné dans le rapport.

C'est là que s'arrête mon travail et que continue le tien. Si tu as des questions, je suis à ta disposition. Mes amitiés à Michael.

Rémi

❖

Site Internet des Services de Police de la Ville de Montréal *http://www.spvm.qc.ca/fr/documentation/3_1_3_persdisparues.asp? noDisp=e28-405*

PROFIL DE LA PERSONNE DISPARUE
NOM : Fleury
PRÉNOM : Alfred
ÂGE : 57 ans
TAILLE : 1,75 m (5' 9")
POIDS : 68 kg (150 lb)
CHEVEUX : Courts gris
YEUX : Bleus
ORIGINE ETHNIQUE : Blanche
VÊTEMENTS : Il portait, au moment de sa disparition, un costume gris anthracite, une chemise blanche, un pardessus noir et des souliers de cuir noirs.

VU POUR LA DERNIÈRE FOIS : 3 octobre
ENQUÊTEUR AU DOSSIER : Info-Crime
N° DE DOSSIER : 87-1E204785-87IG
NOTE INDIVIDUELLE : Le disparu est asthmatique et doit
prendre des médicaments à intervalles réguliers. Alfred
Fleury a quitté l'oratoire Saint-Joseph après l'office religieux par la sortie sud donnant sur la rue Summit Cres en
disant à des amis qu'il voulait faire une petite marche. Il n'a
pas été revu depuis.
Quiconque ayant des renseignements sur cette personne peut
contacter les enquêteurs au dossier. Toute information sera
traitée avec discrétion.

❖

*Courriel. Date : 9 octobre. Expéditeur : Coroner enquêteur
Sarah Lewis. Destinataire : Dr H. Wang. Laboratoire de science
judiciaire et de médecine légale. Département de biologie*

Objet : L'inconnu de Summit Circle.

Hui,
Je sais que, par les temps qui courent, vous en avez plein les
bras, mais j'ai une petite faveur à te demander. Je te revaudrai
ça en t'invitant à dîner où tu voudras (ne me ruine pas,
quand même !). Je sais que tu n'as pas fini l'analyse toxico – je
ne sais même pas si vous l'avez commencée – de mon bel
inconnu, mais pourrais-tu vérifier pour moi au plus vite si
l'examen des poumons de notre homme révèle des traces de
médicament contre l'asthme, comme du Salbutamol ? Et,
bien sûr, nous allons avoir besoin de son profil ADN.
Je t'en remercie d'avance.
Sarah

❖

*Courriel. Date : 11 octobre. Expéditeur : Dr H. Wang, Labo-
ratoire de science judiciaire et de médecine légale. Département
de biologie. Destinataire : Coroner enquêteur Sarah Lewis*

Objet : re : L'inconnu de Summit Circle.

Salut Sarah,
Tu as de la chance, on a eu un petit creux de vague et j'ai pu
me pencher sur ton client. Je n'ai pas trouvé de traces de
Salbutamol, par contre ce gars-là carburait au Béclométasone
Dipropionate. C'est un corticoïde qui possède une activité
anti-inflammatoire marquée sur les muqueuses, notamment
celles des bronches. Donc oui, il y a de fortes chances qu'il ait
été asthmatique. C'est bien vu, parce qu'à part ça on n'a rien
trouvé de probant : ce gars-là était en pleine forme. ☺
Oublie le resto en amoureux et trouve-moi plutôt deux billets
pour un match du samedi et c'est moi qui te revaudrai ça.
À la prochaine,
Hui

15

❖

Article paru dans le journal La Presse *du 14 octobre*

DÉCÈS DU PÈRE ALFRED FLEURY

Les services de police ont fini par identifier le
corps sans vie retrouvé le 6 octobre dernier aux
abords du parc Summit de Westmount. Il s'agit
du père Alfred Fleury, âgé de 57 ans.

Enfant de Châteauguay, brillant élève, il a fait
des études d'histoire à l'Université de Montréal
avant de rejoindre le Grand Séminaire pour y
passer une maîtrise de théologie pastorale. Il est
ordonné prêtre en 1976 en l'église Notre-Dame-
des-Neiges. Membre de la compagnie de Jésus,
il travaille de nombreuses années en tant qu'ani-
mateur de vie spirituelle à Port-au-Prince, en Haïti.
Il revient à Montréal enseigner l'histoire du Canada aux élèves du collège Jean-de-Brébeuf.
C'était aussi une fine plume, collaborateur régulier de la revue *Relations*.

« C'est toute l'Église qui est en deuil aujour-
d'hui », nous a déclaré le père Massicotte.

Les membres de sa congrégation s'étaient in-
quiétés de sa disparition quelques jours plus tôt

alors qu'il était parti faire une promenade à pied aux alentours de l'oratoire Saint-Joseph. Une procédure de personne recherchée avait été déclenchée par les services du SPVM.

C'est dans un boisé en contrebas de Summit Circle, un des endroits les plus huppés de Westmount, où le prix des maisons s'élève à des millions de dollars, que son corps a été retrouvé sans vie par un résident promenant son chien. Les techniques scientifiques d'identification par analyse d'échantillons ADN ont permis de faire le rapprochement entre sa disparition et ce crime pour l'heure toujours inexpliqué.

La section enquête du bureau des crimes majeurs que nous avons contactés s'est refusée à tout commentaire.

Une messe à la mémoire du père Fleury sera célébrée ce dimanche 19 octobre à 9 h 30 en l'église Notre-Dame-des-Neiges.

❖

Courrier du coroner enquêteur Sarah Lewis adressé au coroner en chef, monsieur E. Bessette, le 14 octobre

Édouard,

Concernant cette déroutante affaire du père Fleury, nous avançons dans le noir. Aucun élément prélevé sur le corps ou sur la scène de crime ne nous a révélé le moindre indice quant à la nature de celui ou de ceux (tout porte à croire qu'ils étaient plusieurs) qui ont commis cet homicide. Nous n'en savons guère plus sur le *modus operandi*. L'absence de mutilations sexuelles écarte d'emblée à mon sens l'acte d'un maniaque. Ce ne sont pas non plus les méthodes de nos clients habituels. À la vue des sévices infligés, je pencherais pour un meurtre rituel. Nous manquons d'expertise sur ce type de crime. Je continue néanmoins de chercher dans la documentation des éléments qui nous permettraient de déterminer à quoi ces blessures peuvent correspondre. Elles ont sûrement un sens, qui pour l'instant nous échappe.

Je voulais aussi te faire part d'un élément qui me trouble : le corps a été découvert à quelques centaines, voire peut-être à quelques dizaines de mètres du lieu de la disparition. Or, comment se fait-il qu'un homme qui a été enlevé, ce qui laisse supposer un véhicule, puis torturé pendant deux jours et tué dans un lieu inconnu soit ensuite ramené à son point de départ et transporté à pied à une vingtaine de mètres de la route ? Nous n'en sommes qu'au stade des hypothèses, mais voici les pistes que je suis :

    — Il a été torturé et tué dans un véhicule stationné à proximité ; hypothèse peu probable. Un véhicule inconnu stationné plusieurs jours dans ce secteur aurait aussitôt été signalé par un patrouilleur ou un agent de sécurité travaillant pour les propriétaires des maisons du voisinage.

    — Il a été emmené en véhicule dans un lieu inconnu, torturé et tué, et ses agresseurs l'ont ramené à Summit Circle. Comme je te l'ai dit, cela me semble illogique mais néanmoins plausible.

    — Ses agresseurs étaient *à pied*. Ils l'ont attiré dans un lieu à proximité, lui ont fait ce qu'ils lui ont fait et sont allés jeter le corps *à proximité* du lieu du crime.

Le père Fleury est parti de l'Oratoire pour se rendre à pied vers Summit Circle, en haut de la colline ; il y a plusieurs chemins possibles. Je propose que nos enquêteurs aillent sonner aux portes de chaque résidence située le long de ces différents parcours. Quelqu'un a peut-être vu quelque chose.

Nous pouvons aussi recenser les maisons inoccupées ou en travaux du secteur et les inspecter ensuite. Je sais que cela va faire grincer des dents et incommoder certains propriétaires qui paient suffisamment cher pour assurer leur sécurité et leur tranquillité, mais nous pouvons agir avec tact et diligence. Après tout, il s'agit de s'assurer de leur collaboration pour nous permettre de résoudre cette affaire dans l'intérêt de toute la communauté.

Aussitôt ton accord de principe acquis, j'engagerai la procédure de demande de mandat de complément d'enquête.

Je sais pouvoir compter sur toi.

Cordialement,

Sarah

Rapport du lieutenant-détective Bouchard, de la section des crimes majeurs, au coroner enquêteur Sarah Lewis en date du 17 octobre

Voici les principales informations que nous avons recueillies lors des investigations effectuées le 16 octobre entre l'oratoire Saint-Joseph et Summit Circle.

L'agent Borman, qui connaît bien le secteur et est connu et apprécié de ses habitants, s'est chargé du porte-à-porte. Il a systématiquement présenté la photo du père Fleury aux différents résidents et employés de maison qu'il a pu rencontrer, et ce, dans toutes les rues menant de l'oratoire Saint-Joseph à Summit Circle. Étant donné la taille des propriétés, elles ne sont pas plus d'une trentaine. À l'angle de l'avenue Shorncliffe et de Surrey Gardens, une certaine Jennifer Connors, agente immobilière, est formelle : elle a vu le père Fleury passer à pied devant chez elle le vendredi 3 octobre peu avant midi. Elle s'en souvient car ce jour-là elle a pris congé et s'est occupée de ramasser les feuilles mortes devant sa propriété. Je croyais que les habitants de ce quartier payaient des entreprises pour qu'ils effectuent ce genre de corvée mais, vérification faite auprès de ses collègues et voisins, il s'avère que ce jour-là elle était bien chez elle, occupée à ratisser son jardin.

Étant donné que l'office religieux s'est terminé à 11 h 30, son témoignage semble plausible. Il paraît tout à fait probable que le temps de parler avec quelques connaissances puis de sortir de l'Oratoire, le père Fleury soit passé par là avant midi. Ce qui veut dire que, pour aller vers Summit Circle, il a forcément continué dans Shorncliffe et a tourné à droite dans Oakland ; à gauche, c'est un cul-de-sac. Ensuite, nous n'avons plus aucune trace de lui jusqu'à ce que l'on retrouve son corps trois jours plus tard à une centaine de mètres de là.

Entre l'endroit où il a été vu vivant pour la dernière fois et celui où son cadavre a été découvert se trouvent cinq maisons sur l'avenue Oakland. Leurs jardins arrière donnent tous sur le bois où le corps a été retrouvé.

Nous avons concentré nos investigations sur ce secteur : les numéros 1027 à 1035 Oakland.

Trois maisons sont occupées, une est en construction, la dernière inhabitée. Pour vous représenter la situation, si vous regardez les maisons en face, celle la plus à droite, à l'angle de Summit Circle, le 1027, est occupée, sa voisine de gauche, le numéro 1029, est en construction, les deux suivantes sur la gauche, le 1031 et

le 1033, sont occupées et la dernière à gauche, le 1035, face à
Shorncliffe, est inoccupée.

Je suis allé vers 19 h avec l'agent Borman frapper aux portes
des maisons, dans l'ordre que je viens de vous indiquer. Au numéro 1027, en l'absence des résidents, nous avons pu parler avec
Lucrecia Sintos, leur femme de ménage. Elle nous a appris que
les propriétaires, monsieur et madame Santini, un couple d'en-
trepreneurs qui a réussi dans la restauration rapide, vivent là avec
leur fils de 19 ans, qui n'est plus aux études et fait semble-t-il de
la musique dans un band. Elle se souvient bien du week-end de
la disparition du père Fleury, car ses employeurs sont partis à
Hawaï et le fiston a décidé d'organiser un party avec ses amis.
Elle a eu congé durant le week-end, mais elle a ensuite passé la
totalité de la journée du lundi à remettre de l'ordre dans la maison
à la suite du party. Elle a vu l'agitation policière de la soirée dans
le bois, a ensuite suivi l'affaire dans les journaux. Elle a déclaré
n'avoir rien vu d'inhabituel dans ou autour de la maison le lundi
matin.

La maison suivante, le numéro 1029, est la maison en construction. Elle est entourée d'une palissade de planches de bois de
sept pieds de haut empêchant toute intrusion sur le chantier. J'ai
contacté l'entrepreneur dont le nom figurait sur une pancarte. Le
chantier est arrêté depuis plusieurs semaines en raison de différends
financiers avec les propriétaires, qu'il n'a pas voulu développer.
Ceux qui font construire vivent en Europe, en Angleterre plus
précisément. Je ne suis pas parvenu à les joindre. Tout le gros
œuvre a été fait, les murs, le toit, les fenêtres. Il manque les pa-
rements extérieurs et sûrement des finitions intérieures.

Le 1031 est occupé par un couple de personnes âgées, monsieur et madame Dohan. Ils ont respectivement 75 et 77 ans et
vivent là seuls. Ils semblent encore autonomes et actifs. De temps
en temps, une jeune femme vient chez eux faire un peu de ran-
gement et de ménage. Ils ont consulté leur agenda pour savoir ce
qu'ils avaient fait la fin de semaine des 4 et 5 octobre : ils sont
partis le samedi après-midi passer trois jours chez leur fille en
Caroline du Nord. À leur invitation, nous avons pu faire un rapide
tour de la maison. Rien ne nous a paru suspect.

Le 1033 est la propriété d'un certain Joseph Pashnick, chirurgien, spécialiste en microchirurgie à l'hôpital Saint Mary.
C'est lui-même qui nous a accueillis. Il vit seul dans cette grande

maison et semble entretenir des relations éphémères avec différentes partenaires. Je le mentionne car il a insisté là-dessus pour une raison qui m'échappe. Lui aussi a consulté son agenda, et le week-end qui nous intéresse, il participait à un tournoi de golf organisé par son club à Tremblant.

Au 1035, nous n'avons pu voir personne. Renseignements pris, la maison est inhabitée depuis environ deux ans. Les propriétaires sont décédés et la succession semble poser quelques difficultés aux héritiers. Une procédure judiciaire de partage est en cours. Nous avons inspecté les accès et tout semble en ordre, aucune trace d'effraction ou d'intrusion n'est visible.

Les emplois du temps des Santini, des Dohan et de Joseph Pashnick ont par la suite été vérifiés et corroborés par des tiers.

Je ne sais pas ce que vous en pensez, mais si la séquestration et le meurtre ont été perpétrés dans le quartier, je parie ma chemise qu'ils ont eu lieu dans la maison en construction : aucun voisin n'était présent durant le week-end excepté l'ado du 1027, qui a passé son temps à jouer et à écouter de la musique à plein volume (d'après madame Dohan qui l'a entendue de chez elle le samedi avant de prendre son taxi pour l'aéroport).

En conclusion, je suggère d'effectuer une perquisition au 1029 Oakland.

❖

Rapport de la perquisition menée au 1029, avenue Oakland, Westmount, sous la supervision du lieutenant-détective Bouchard de la section des crimes majeurs

Les membres de la section des crimes majeurs accompagnés d'une équipe de techniciens de scène de crime du laboratoire de science judiciaire et de médecine légale se sont présentés le 19 octobre à 8 h du matin au 1029, avenue Oakland, munis d'un mandat de perquisition daté du 18 octobre et signé par le juge Maurice Bergeron.

Un serrurier a coupé la chaîne barrant l'accès au terrain sur lequel une propriété est en construction. Il a ensuite forcé la porte d'entrée principale de cette construction. Une équipe d'enquêteurs pénètre alors à l'intérieur de l'édifice tandis qu'une autre inspecte l'extérieur.

Le premier niveau est constitué d'un vaste espace ouvert. Le chantier semble stoppé depuis un bon moment ; une couche de plâtre et de poussière recouvre le sol. Aucune trace de semelle n'y est visible. Un escalier droit mène au sous-sol. Les mêmes constatations sont effectuées : poussière au sol et absence d'empreintes de pas. Un maillet et un ciseau à bois y sont saisis sur le rebord d'une lucarne. Ils seront envoyés au laboratoire pour analyse. L'inspection du deuxième étage ne livre aucun indice supplémentaire. Les enquêteurs laissent la place aux techniciens. Après avoir fait obturer partiellement toutes les fenêtres, ils inspectent successivement les trois niveaux, en utilisant en premier lieu le Polilight. Ils prélèvent ainsi de multiples empreintes, principalement sur les poignées de portes et fenêtres. Quelques échantillons de poils et de cheveux sont aussi prélevés. L'examen du sous-sol n'apporte aucune information supplémentaire. Malgré l'utilisation systématique de Luminol, aucune tache ou trace de sang n'apparaît.

Les constatations de l'équipe extérieure sont identiques. Aucune trace probante n'est relevée.

En conclusion, ce chantier abandonné n'a pas, de toute évidence, été le lieu d'une scène de crime récente.

❖

Courrier du coroner enquêteur Sarah Lewis adressé au coroner en chef, monsieur E. Bessette, en date du 20 octobre

Édouard,

Ce petit mot pour te dire où nous en sommes avec l'affaire Fleury : au point de départ ! Après la perquisition stérile du 1029, nous sommes allés perquisitionner au 1035, avenue Oakland, et là non plus nous n'avons rien trouvé. Les habitants du numéro 1027, monsieur et madame Santini ainsi que leur fils, ont été interrogés, un sergent détective a même fait un tour dans leur maison et R.A.S. Le fils a fait un party avec ses amis, nous en avons interviewé une dizaine et ils n'ont rien à nous dire excepté pour la musique, la bouffe et j'imagine de l'alcool et d'autres substances illicites qu'ils ont consommées ce jour-là. Le couple de retraités et le chirurgien me semblent totalement hors de cause, leurs alibis étant solides. Je suppose que mon intuition à propos d'une piste locale n'était pas la bonne et qu'il nous faut repartir de zéro.

Cordialement,

Sarah

22 *Article paru dans* Le Journal de Montréal *du 02 novembre*

TRAGÉDIE D'HALLOWEEN

Macabre découverte dans le parc Jean-Drapeau
de l'île Sainte-Hélène

Le corps d'une femme dans la vingtaine a été retrouvé peu après 9 h samedi matin par un promeneur à proximité du pont Jacques-Cartier.

C'est là que Maxime Courtois est entré en scène : « Je garais mon véhicule et je m'apprêtais à aller courir comme tous les samedis quand un promeneur m'a averti qu'il venait de trouver un corps. Je suis allé sur place avec lui et j'ai appelé la police. La femme gisait sur le ventre dans un fossé près du parking », raconte-t-il.

Selon les policiers du SPVM que nous avons pu interroger, ils avaient encore plusieurs éléments à vérifier avant de pouvoir avancer quoi que ce soit quant aux causes du décès. L'accès au secteur a été fermé jusqu'en après-midi, contraignant de nombreux promeneurs, en cette belle journée d'automne, à modifier leur parcours. Le corps de la victime a été conduit vers le laboratoire de science judiciaire et de médecine légale peu avant midi. Plus de nouvelles dans nos prochaines éditions.

Courrier en date du 03 novembre. Expéditeur : lieutenant-détective Bouchard de la section des crimes majeurs. Destinataire : Coroner enquêteur Sarah Lewis

Madame Lewis,

Je tenais à porter à votre connaissance un certain nombre de nouveaux éléments concernant l'affaire Fleury.

En discutant hier avec un enquêteur chargé de l'affaire du parc Drapeau, cette jeune femme retrouvée morte par strangulation le lendemain de l'Halloween, j'ai appris des choses fort intéressantes. Le jour de la découverte du corps, une mère a appelé la police pour signaler la disparition de sa fille. La description étant identique, stature, vêtements, elle a été rapidement identifiée. Il s'agit de Vanessa Muller. Son nom ne vous dit certainement rien, mais attendez la suite. Cet enquêteur est allé rencontrer la mère (le père est décédé il y a quelques années) dans sa résidence située à Outremont pour réaliser l'enquête de personnalité : regarder avec elle dans le passé de sa fille, ses fréquentations, et déterminer si un élément significatif serait susceptible de surgir et de l'éclairer sur ce crime. La mère l'a tout de suite informé que sa fille fréquentait depuis plusieurs mois un garçon, un certain Enzo. La mère avait une très mauvaise opinion de lui et pensait qu'il exerçait une mauvaise influence sur sa fille. Très clairement, ses soupçons étaient dirigés vers lui. Le soir du meurtre, sa fille était d'ailleurs allée avec cet Enzo à La Ronde fêter l'Halloween. Il avait appelé madame Muller le lendemain matin, lui disant qu'ils s'étaient disputés sur le parking et qu'elle était partie seule, à pied. Inquiet de ne pas pouvoir la joindre sur son cellulaire, il voulait savoir si elle était bien rentrée. La mère, qui croyait que sa fille avait dormi chez lui, avait aussitôt appelé la police. Elle ne savait pas que le corps avait déjà été découvert par un promeneur. Pourquoi est-ce que je vous raconte tout ça ? J'y viens. L'enquêteur a voulu en savoir plus sur ce petit ami et avoir ses coordonnées. Madame Muller ne les avait pas. Elle avait juste son numéro de cellulaire. En remontant cette piste, il l'a rapidement identifié : Enzo Santini ! Le jeune homme qui a organisé le party au 1027 Oakland la fin de semaine de la disparition du père Fleury. Il est allé l'interroger et le jeune a répété la même chose, à savoir qu'ils se sont disputés sur le parking et qu'il est parti. N'ayant aucune preuve contre lui, l'enquêteur n'est pas allé plus loin. C'est quand même une drôle de coïncidence que ce jeune homme apparemment sans histoire se retrouve coup sur coup proche de deux victimes de crimes violents. Encore plus troublant : en poursuivant ma discussion avec l'enquêteur, j'ai appris que madame Muller lui avait dit que sa fille avait fait son secondaire au collège Jean-de-Brébeuf. Le père Fleury était enseignant à Jean-de-Brébeuf.

J'ai appelé l'administration du collège, et, après quelques recherches, ils m'ont confirmé qu'au cours de deux années scolaires non consécutives, Vanessa Muller avait eu comme professeur d'histoire le père Fleury.

Nous avons là un lien tangible entre un résident du quartier de Summit Circle et le père Fleury, par Vanessa Muller.

Lorsque nous avons rencontré Enzo, il nous a donné une liste de personnes présentes à son party que nous avons interrogées. J'ai vérifié les noms sur les dépositions et celui de Vanessa Muller n'y figure pas. Je trouve étrange qu'il fasse une fête sans sa blonde. J'ai téléphoné à sa mère. Elle n'en est pas entièrement sûre, mais elle pense que la fin de semaine des 4 et 5 octobre sa fille était chez son ami de cœur.

Je pense que ce faisceau d'indices est suffisant pour décider un juge à délivrer un mandat de perquisition au domicile des Santini et nous permettre de les réinterroger.

Nous tenons peut-être enfin quelque chose de solide.

Cordialement,

Guy Bouchard

❖

Rapport de la perquisition menée au 1027, avenue Oakland, Westmount, sous la cosupervision du lieutenant-détective Bouchard, de la section des crimes majeurs, et de la coroner enquêteur Sarah Lewis

Les membres de la section des crimes majeurs, accompagnés de la coroner enquêteur et d'une équipe de techniciens de scène de crime du laboratoire de science judiciaire et de médecine légale, se sont présentés le 5 novembre à 6 h du matin au 1027, avenue Oakland, munis d'un mandat de perquisition daté du 4 novembre et signé par le juge G. Parent.

Madame Santini Irène nous ouvre la porte. Sont présents son mari, Robert Santini, et leur fils, Enzo Santini. Nous leur donnons lecture du mandat. Un officier les accompagne dans la cuisine, où ils seront consignés le temps de la perquisition.

Les équipes se répartissent en trois groupes, un par niveau. Elles inspectent dans chaque pièce les meubles, placards, étagères, sondent les murs et plafonds à la recherche de caches, inspectent l'intérieur des chasses d'eau. Dans une penderie de la chambre parentale au deuxième étage, le sergent détective Tavoularis trouve dans un carton à chaussures un revolver non chargé de type 357 magnum de calibre 9 mm. Une boîte de 50 munitions en contenant encore 45 se trouve aussi dans le carton. L'ensemble est placé sous scellés. Les scellés sont présentés aux occupants des lieux aux fins d'identification. Monsieur Robert Santini se déclare propriétaire du revolver et indique où se trouve son permis de possession d'arme à feu. Celui-ci est saisi et placé sous scellés.

Du matériel informatique est saisi. Il s'agit de l'ordinateur portable appartenant à Enzo Santini. La perquisition matérielle terminée, les techniciens de l'équipe scientifique se mettent au travail. Ils inspectent successivement les trois niveaux en utilisant en premier lieu le Polilight. Ils prélèvent de multiples empreintes, principalement sur les poignées de portes et fenêtres. Des échantillons de poils et de cheveux sont aussi prélevés dans les différentes toilettes et salles de bains. Le Luminol est utilisé de façon systématique dans toute la maison. Il ne révèle aucune trace de sang.

Aucune trace probante n'est relevée à l'extérieur.

Ces constatations terminées, les trois occupants de la maison sont emmenés dans nos locaux afin d'y être interrogés en tant que témoins.

❖

Retranscription de la bande vidéo de l'interrogatoire de madame Santini Irène, réalisé par le lieutenant-détective Bouchard en date du 5 novembre

— Savez-vous pourquoi vous vous trouvez ici aujourd'hui ?
— C'est à propos de mon fils ?
— Oui, madame. Nous voulons juste vous poser quelques questions. Vous pouvez néanmoins faire appel à un avocat ou refuser de nous parler si vous le désirez.
— Je n'ai rien à cacher. Il a toujours été un enfant difficile. Oh, pas méchant. mais un peu particulier. Il consulte depuis

qu'il a une dizaine d'années. Je sais qu'il a des problèmes de consommation. Nous l'avons envoyé dans une clinique spécialisée l'été dernier, mais que voulez-vous… Nous ne pouvons pas tout faire. Et ce n'est pas une question d'argent. C'est un enfant qui souffre, comprenez-vous ?

— Je comprends, madame. Pouvez-vous me dire où vous vous trouviez le soir de l'Halloween ?

— Laissez-moi réfléchir un instant… C'était quel jour… Halloween… Oui, j'ai dû quitter l'entreprise vers 18 h et je suis allée au club pour ma leçon de tennis. Je suis rentrée à la maison vers 20 h. J'ai grignoté quelque chose. J'ai passé des appels et je suis allée me coucher vers 22 h.

— Savez-vous ce qu'a fait votre mari ce soir-là ?

— Je suppose qu'il est encore resté très tard au bureau ou qu'il est sorti boire un verre ?

— Et votre fils ? L'avez-vous vu ce soir-là ?

— … Je n'en ai aucune idée, mais j'imagine que non.

— Savez-vous où il était ?

— Je l'ai très certainement appelé sur son cellulaire et nous avons parlé, mais je ne sais pas où il se trouvait. Il était peut-être sorti, ou dans sa chambre, ou dans sa pièce de musique. Je ne sais pas. À son âge, j'ai arrêté de le surveiller…

— Vous souvenez-vous de l'heure de cet appel ?

— Non. Comme je vous l'ai dit, j'ai passé plusieurs appels entre 20 h et 22 h. Il était peut-être 21 h ? Je n'en sais rien. De toute façon, si vous voulez l'heure exacte, elle sera certainement indiquée sur ma facture, non ?

— En effet, madame. Je vous remercie de votre collaboration.

— Ça veut dire quoi ? Que c'est terminé ?

— Exactement, madame, je ne vous retiens pas plus longtemps.

❖

Retranscription de la bande vidéo de l'interrogatoire de monsieur Santini Robert, réalisé par le lieutenant-détective Bouchard en date du 5 novembre

— Savez-vous pourquoi vous vous trouvez ici aujourd'hui ?

— Écoutez, j'ai du travail, alors finissons-en au plus vite.

— Nous voulons juste vous poser quelques questions. Vous pouvez néanmoins faire appel à un avocat ou refuser de nous parler si vous le désirez.

Le témoin demande à appeler son avocat et sort de la pièce. Il revient huit minutes plus tard.

— OK, je vais répondre à vos questions.

— Pouvez-vous me dire ce que vous avez fait le soir de l'Halloween ?

— C'était la semaine dernière, ça ? Je suis parti du travail comme d'habitude vers 21 h. Je me suis arrêté acheter un sand-wich et je suis rentré le manger à la maison, dans mon bureau, en regardant la télé. Après je suis allé me coucher.

— À quelle heure ?

— 23 h. Peut-être 23 h 30. Je suis un couche-tard…

— Avez-vous vu votre femme ce soir-là ?

— Non. Je l'ai vaguement entendue téléphoner. Elle passe sa vie au téléphone avec ses amies. Elle est partie se coucher avant moi…

— … Et avez-vous vu votre fils ?

— Non. Il est souvent sorti le soir. Et s'il est à la maison, il reste dans sa chambre à écouter sa musique.

— Depuis quand possédez-vous un revolver ?

— Vous parlez du 357 ? Oh, c'est vieux, ça. Ça doit dater de l'époque où on a emménagé dans la maison à Westmount, ou un peu après… Je dirais il y a une quinzaine d'années.

— Pourquoi l'avez-vous acheté ?

— On se sentait un peu vulnérables, dans cette grande maison, avec le bois derrière et tout ça. Vous savez, le soir, c'est très, très tranquille. C'est surtout ma femme qui n'était pas rassurée. On avait Enzo qui était petit et puis elle me disait que si les anciens propriétaires avaient aménagé l'abri au sous-sol, ce n'était pas pour rien…

— Savez-vous si ce revolver était dans votre chambre aux alentours du 5 octobre dernier ?

— Non. J'en sais rien. Ce flingue est dans le carton depuis des années. Au début, j'allais au club de tir…

La sonnerie d'un téléphone mural se fait entendre. Le lieute-nant-détective Bouchard va décrocher et écoute un interlocuteur une quinzaine de secondes. Il raccroche puis s'adresse à mon-sieur Santini.

— … Excusez-moi.

Le lieutenant-détective Bouchard sort de la pièce et y revient au bout d'environ trois minutes.

— Oui, excusez-moi. Vous m'avez parlé tout à l'heure d'un abri au sous-sol. Pouvez-vous me préciser de quoi il s'agit ?

— Les premiers propriétaires, ceux qui ont fait construire la maison, ont fait aménager au sous-sol un abri antiatomique. Ça paraît ridicule aujourd'hui, mais à l'époque, dans les années soixante-dix, on était en pleine guerre froide. Après, quand ça s'est réchauffé, les nouveaux propriétaires l'ont gardé comme une « panic room ». Vous savez, comme dans le film avec Jodie Foster. On a aussi un système de com et de vidéo indépendant qui y est relié. Mais ça ne nous sert à rien. On n'y va jamais. Il y a juste Enzo qui l'utilise pour faire sa musique. C'est tellement bien insonorisé qu'on n'entend rien.

— Et on y accède comment ?

— Au sous-sol, il y a une armoire métallique. À l'intérieur, sous la troisième étagère en partant du haut, il y a une manette. Vous l'abaissez et l'armoire pivote.

— Pourquoi ne nous l'avez-vous pas dit lors de la perquisition ?

— Vous ne me l'avez pas demandé.

Le lieutenant-détective Bouchard sort de la pièce.

— Et je fais quoi, moi, maintenant ? Je peux aller travailler ?

Retranscription de la bande vidéo de l'interrogatoire de monsieur Santini Enzo, réalisé par le lieutenant-détective Bouchard en date du 5 novembre

— Tu as été informé de tes droits, tu as eu ton avocat au téléphone, maintenant j'aimerais te poser quelques questions. Pour commencer, est-ce que tu peux me raconter ce qui s'est passé le soir de l'Halloween ?

— Je l'ai déjà dit l'autre jour à l'autre flic. On est allés à La Ronde, on s'est chicanés, elle est partie.

— Vous vous êtes chicanés pourquoi ?

— …

— C'était au sujet de quoi ?

— Vous savez, les filles, on les comprend pas toujours. Elles interprètent ce qu'on dit… C'est ça. Elles interprètent.

— Et après, tu as fait quoi ?

— J'ai pris mon auto et je suis parti.

— Tu l'as laissée toute seule, en pleine nuit.

— C'est elle qui est partie. J'allais pas lui courir après. Je suis pas comme ça, moi.

— Toi, t'es fier !

— C'est ça.

29

— T'es parti. Et t'es allé où ?

— Je suis parti. Je m'en rappelle plus.

— Tu ne t'en rappelles plus ?

— C'est ça. Je pouvais pas imaginer ce qui allait lui arriver !

— Ne me prends pas pour un imbécile !

— J'te prends pas pour un imbécile !

— Alors dis-moi ce qui s'est passé ce soir-là.

— Je viens de te le dire.

— Elle voulait venir tout nous raconter ?

— …

— Elle a vu ce que vous aviez fait au père Fleury et elle voulait en parler à la police ?

— …

— Ce matin, quand on a fait la perquisition, on a raté le gros morceau… On est passés à côté et on l'a pas vu… Tu sais de quoi je veux parler ?

— …

— Je te parle du bunker, de l'abri derrière l'armoire métallique… Comme le mandat est valable toute la journée, une équipe du labo est retournée l'inspecter. Et tu peux me dire ce qu'ils y ont trouvé ?

— Ils ont rien trouvé.

— Tu es sûr ? Tu as tout nettoyé ? Mais tu ne regardes jamais la télé ? Tu ne sais pas qu'aucun produit n'efface complètement les traces de sang ? Tu ne sais pas que le Luminol détecte n'importe quelle trace de sang ? Et je suppose que, vu l'état dans lequel on a retrouvé cet homme, il a dû en perdre pas mal. J'ai eu tout à l'heure le chef d'équipe du labo, qui est encore chez toi. Il m'a dit que dans le bunker, ça clignote de partout ! Ça a dû être une vraie boucherie ! On va analyser ce sang, et si ce n'est pas toi qui t'es coupé en te rasant mais que c'est celui de… disons…

Alfred Fleury, il va falloir que tu nous expliques comment il est arrivé jusque-là !

— …

— Est-ce que tu veux me raconter ce qui s'est passé ?

— C'est à cause de Vanessa. C'est elle qui le connaissait. Moi, je l'avais jamais vu… Mes parents étaient en voyage. Elle est passée chez moi le matin et on a pris du speed, on a fumé. On était vraiment *high*. Quand je suis trop *high*, j'entends des trucs bizarres dans ma tête. Alors, pour pas les entendre, il faut que je fasse de la musique ou que j'en écoute à fond. Là, on a écouté de la musique dans ma chambre. Après, on a fumé de la poudre, ça m'a fait redescendre. On a voulu sortir faire un tour. Mais ma voiture a pas démarré. Je connais rien en mécanique et Vanessa non plus, alors fallait que j'appelle le CAA. On était là devant la maison et ce curé passe sur le trottoir. Il reconnaît Vanessa. Elle me dit qu'il était prof dans son collège et elle lui fait croire qu'elle habite là et que je suis son frère. Elle lui propose d'entrer pour lui présenter nos parents, il accepte. Et c'est là que ça commence à être tout *fucké*… Ça faisait longtemps qu'elle voulait qu'on le fasse, qu'on fasse ces trucs *flyés*, qu'on sorte de cette vie plate où y se passe jamais rien…

— Je t'écoute toujours…

— … Elle savait que mon père avait un *gun* dans son armoire, je lui avais déjà montré. Elle va direct le chercher. Moi, je suis avec le curé dans la cuisine, il me demande comment vont nos parents et je sais pas quoi lui dire. Je lui propose un verre de jus de fruits. J'en bois aussi, je suis tout desséché. Vanessa nous rejoint. Elle le braque direct avec le *gun* et lui dit de descendre au sous-sol. Je crois qu'elle lui fait une *joke*, mais elle se met à gueuler. Elle me dit que c'est lui. Qu'on va enfin savoir si Dieu existe, que le moment est arrivé…

— Le moment ? Quel moment ?

— Je t'ai dit, ça faisait longtemps qu'on voulait faire ça, soumettre quelqu'un à notre volonté, en faire ce qu'on voulait… Mais un gamin, une vierge, c'est trop facile. T'as qu'à regarder sur Internet, tout le monde fait ça. On cherchait quelque chose de mieux, quelque chose de grand, de vraiment fort. Et là, il y a ce prêtre qui nous tombe dans les bras. La divine providence. On avait déjà tout préparé dans le bunker, on y avait mis ce qu'il fallait. Mais à l'époque, je savais pas si on faisait ça juste comme ça ou si on allait vraiment le faire un jour. Et là, on le faisait pour vrai.

— Qu'est-ce que vous aviez mis dans le bunker ?

— J'avais fabriqué une grande croix en bois de sept pieds de haut sur six pieds de large, un autel, des bougies noires, des outils. Comme une chapelle mais à l'envers, c'est ça qu'on voulait.

— Pour faire des messes noires, pratiquer un culte satanique ?

— Mais non ! Tout ça, c'est trop banal ! On voulait faire ça à notre goût, être originaux, uniques…

31

— Comment ça s'est passé ensuite ?

— On est descendus dans le bunker. Vanessa lui a dit de se déshabiller. Il voulait pas, il était trop baveux, il parlait de nos parents, de Dieu… Vanessa lui a tapé sur la tête avec le *gun* pour qu'il se taise et il a commencé à saigner. Moi, j'avais pris un grand couteau dans la cuisine et je le piquais un peu avec pour qu'il obéisse… Il finit par se déshabiller… Je pose la croix par terre et je lui dis de s'allonger dessus, comme Jésus, les bras écartés. Il veut pas, alors on lui prend chacun un bras… Moi, je vois des lumières. Ça scintille tout autour de moi, tout autour de Vanessa. Il y a cette voix qui me dit : « Fais-le. Fais-le souffrir. Qu'il souffre pour tous ceux que son Église a fait souffrir. Au nom de tous ceux qui ont souffert à cause d'elle. Venge-les »…

— … Et ?

— Et je le plante à la croix. Je prends des grandes pointes de charpentier et je le cloue à la croix. Lui, il ne crie pas. Il ne crie pas, il commence à prier, à marmonner des affaires. Il y a une telle énergie, une telle électricité qu'il faut qu'on partage ça. On le laisse là et on remonte appeler les autres.

— Qui ça ?

— Les membres du groupe. Ceux avec qui on fait de la musique. Ils savent ce qu'on veut faire, on leur en a déjà parlé. C'est comme un rituel, un passage obligé. On sait ce qu'on a à faire. Si on le fait et qu'après personne n'en parle, jamais, il n'existera plus rien au monde qui pourra détruire notre pacte. On sait qu'en le faisant on deviendra invincibles…

— … C'est qui les autres ?

— … Fred, Henry, Chloé, Paul.

— Quand est-ce qu'ils arrivent ?

— Le soir, le vendredi soir, vers 19 ou 20 h. On prend du speed, on fume de la poudre en leur expliquant la situation, le pacte, l'acte fondateur. Tout le monde est d'accord. Mais il faut pas faire n'importe quoi. Il faut un cérémonial, une progression, comme un scénario. Vanessa, qui se souvient de tous ses cours d'histoire, nous raconte ce que les Iroquois ont fait à Jean de Brébeuf. On trouve ça génial parce que c'est là qu'elle a rencontré ce prêtre, au collège Jean-de-Brébeuf. C'est comme un signe. On a le goût de lui faire la même chose.

— Le torturer et le tuer ?

— Et le manger…

— … Qu'est-ce qui s'est passé ensuite ?

— … On descend au bunker ce qu'il nous faut comme matériel… On met la croix debout et on commence. On fait chauffer nos outils sur la flamme d'un réchaud et on le marque. Sur tout le corps. Pour le purifier. Lui, il prie pour le salut de notre âme. On lui dit que si son Dieu existe, il est vachement cruel de le laisser souffrir comme ça. Vanessa lui demande de chanter… Il paraît que quand on chante on sent moins la douleur… Ç'a l'air vrai. Il chante des psaumes. Des fois, ceux qui connaissent les paroles chantent avec lui… À un moment, on le fait boire et on lui donne à manger une banane parce qu'on le sent un peu partir. Ça dure jusqu'au milieu de la nuit et après on allonge la croix par terre avec lui dessus et on va dormir un peu… Le samedi, on l'a laissé tranquille. Y a du monde qui est passé à la maison, des *chums*, d'autres que je connaissais pas. On a pris du speed, bu des bières, on a fumé, écouté de la musique, on a joué un peu aussi. C'est les noms de ceux qui sont venus et que je connaissais que je vous ai donnés et que vous avez interrogés. Eux, ils n'étaient au courant de rien. Le soir, je les ai mis dehors et, avec le groupe, on est redescendus. Il dormait. Là où je l'avais cloué, ça saignait plus. On a redressé la croix pour le mettre debout. On lui a redemandé où était son Dieu, pourquoi il ne venait pas le sauver, pourquoi Dieu n'avait pas sauvé Jésus. S'il ne l'avait pas fait, c'était sûrement parce qu'il n'existait pas. S'il existait, qu'il le prouve. On lui a expliqué qu'on avait besoin de communier. On lui a dit : « Tu dis que Jésus est en toi… Si Jésus est en toi, alors il faut qu'on mange de ta chair, qu'on boive de ton sang, et Jésus sera aussi en nous. Amen. » C'est vrai, ça, non ?

— …

— Pendant qu'on découpait les hosties, lui, il priait toujours. J'ai jamais vu quelqu'un prier autant… On essaye d'avaler les hosties crues, mais ça ne passe pas. On les fait griller un peu et

là, ça va, on peut les manger… Vous vous demandez le goût que
ça a? C'est pas mauvais. C'est comme du bœuf mais avec une
texture plus tendre et une saveur plus sucrée. On fait aussi des
petites incisions et on boit de son sang. Lui, il continue ses prières…
Vous ne pouvez pas savoir à quel point on a communié. On a
partagé tous ensemble ce pur moment de grâce. De toute ma vie,
je n'ai jamais rien vécu d'aussi intense, d'aussi merveilleux.
Une fusion cosmique, un accord parfait… Ça dure jusqu'à ce **33**
que le jour se lève. Comme on voit bien qu'il va partir, on décide
qu'il est prêt. Paul lui coupe le ventre pour prendre son cœur et
moi, je lui tranche la tête. On remonte dans la cuisine. On fait
cuire son cœur à la poêle. On se le partage et on le mange. Manger
son cœur, c'est manger sa vie, s'approprier son pouvoir, et il a
été brave jusqu'au bout. Il est mort en martyr comme Brébeuf et
on est fiers de lui. Maintenant, entre nous six, c'est à la vie à la
mort. On a fait le bon sacrifice. Après, la tension retombe d'un
coup et on dort jusqu'au soir. Quand je me réveille, il n'y a plus
que Vanessa et Fred, les autres sont rentrés chez leurs parents. Il
faut se débarrasser du corps. Je descends avec Vanessa au bunker, mais on ne réussit pas à enlever les clous. Alors je coupe les
mains et les pieds avec la hache… Fred est descendu plus tard
avec des tenailles et il a réussi à enlever les clous. Il nous a demandé s'il pouvait les garder…

— … Les clous?

— Non! Les mains et les pieds. Il voulait les revendre.

— Les revendre!

— Il y a du monde qui achète ça sur e-Bay. Il a pris les
papiers d'identité du prêtre pour prouver que c'était bien lui.

— Et là, à l'heure où on se parle, il les a vendus?

— Oui. Les quatre. Ça a rapporté presque quinze mille dollars, qu'on devait investir dans de nouveaux instruments…

— Si on revient à cette soirée, vous avez fait quoi après?

— Fred est parti, il devait souper chez ses parents… Avec
Vanessa, on attend le milieu de la nuit. On veut aller jeter le
corps dans le fleuve. Mais j'ai complètement oublié que ma voiture ne démarre pas. Alors on met le corps dans une bâche de
plastique et on passe par l'arrière de la maison. On sait que personne ne peut nous voir. On va le plus loin possible dans le bois
et on le laisse à un endroit où personne ne va jamais… Je pensais qu'on ne le retrouverait pas avant des mois.

— Et on l'a retrouvé le jour même. La tête, qu'est-ce que vous en avez fait ?

— Vanessa l'a emportée. Elle l'a mise dans des sacs en plastique fermés avec du tape et après dans un sac de sport avec la hache, le couteau, les outils et la bâche. Elle est descendue à pied jusqu'à Côte-des-Neiges prendre un taxi. Elle s'est fait déposer dans le Vieux-Montréal. Là, elle a jeté le sac dans le fleuve. Elle m'a dit qu'il avait coulé à pic. Après, elle est rentrée chez elle. On se disait que, sans les mains et la tête, même si vous aviez le corps, vous mettriez du temps à l'identifier, mais vous avez été vite.

— On commence à être efficaces. Les vêtements sont passés où ?

— Les vêtements du curé ? C'est une idée de Vanessa. On les a déposés la nuit devant les locaux de l'Armée du Salut. Retour à l'envoyeur. On trouvait ça comique.

— Et pourquoi as-tu tué ta petite amie alors ? Elle voulait venir tout nous raconter ?

— Pas du tout. J'ai déjà dit que je ne l'ai pas tuée. Après ce que je viens de te dire, je ne vois pas pourquoi je mentirais. On s'est vraiment engueulés sur le parking de La Ronde et elle est partie à pied. Elle a pas eu de chance… Elle a fait une mauvaise rencontre… Et moi non plus, je n'ai pas eu de chance, parce qu'à cause de ça vous êtes allés fouiller chez moi…

— Qui sait ? Il n'y a peut-être pas de hasard ! Peut-être que Dieu existe et que parfois il punit les coupables ?

— Tout ça, c'est des conneries pour faire peur aux enfants.

— Enzo Santini, tu es en état d'arrestation pour le meurtre prémédité précédé d'actes de torture commis sur la personne d'Alfred Fleury. Tu as le droit de garder le silence. Tu as le droit de consulter un avocat…

❖

Article du Journal de Montréal *du 4 août*

CONDAMNATIONS EXEMPLAIRES À L'ISSUE DU PROCÈS DES MEMBRES DE LA SECTE « LES ENFANTS DE SATAN » POUR L'EFFROYABLE CALVAIRE DU PÈRE FLEURY

Les sentences concernant les membres de la secte satanique « Les Enfants de Satan » ont été prononcées ce matin au tribunal de Montréal par le juge Robert Pagé. Les deux leaders, Enzo Santini et Paul Duchâtel, ont été condamnés à la prison à vie sans possibilité de sortie avant 25 ans. Leurs complices, Frederic Allen, Henry Rousseau et Chloé Tomkass, auront chacun à subir une peine de 20 ans de pénitencier. Les accusés ont plaidé une folie passagère occasionnée par l'inhalation d'une drogue frelatée. Le procureur a rejeté cette hypothèse en considérant la préméditation des actes. Il a de plus estimé que les accusés avaient eu tout leur temps pour reprendre leurs esprits. Rappelons que le père Fleury a été torturé pendant plus de 48 heures avant d'être décapité, éviscéré et victime d'actes anthropophages. Le porte-parole du diocèse a déclaré : « La justice a triomphé sur la barbarie, la lumière triomphera des ténèbres. »

David Sionnière est né en 1966 dans le sud de la France. Diplômé en lettres et cinéma de l'université parisienne Sorbonne Nouvelle, il œuvre pendant plus de quinze ans dans le domaine de la production cinématographique et musicale. En 2006, il s'installe à Montréal. Finaliste aux Prix littéraires Radio-Canada dans la catégorie « Nouvelles » en 2009 avec « Pur sang », il travaille présentement à l'écriture de son premier roman.

La Sirène du lac Wareau

ROBERT SOULIÈRES

Bernard Duchesne

À Jean-Claude et à René

Ils avaient bu et fumé toute la nuit. Comme des trous. Comme des cheminées. Se disant leurs quatre vérités en pleine face. Sans ménagement. Comme des hommes. Des vrais. Comme des vrais à l'époque des tavernes. Avec un petit joint en prime. Pour faire le joint… comme si c'était inévitable qu'un joint rapproche toujours le monde. Puis de confusion en confessions, les deux hommes étaient allés prendre l'air sur le quai. C'était déjà le matin.

Pour faire une blague, Steeve avait détaché l'amarre de la barque. La chaloupe s'était éloignée, doucement mais sûrement, pendant que Bert ne regardait pas. Ce n'est qu'au bout de plusieurs minutes que Bert avait hurlé :

— Mais qu'est-ce que t'as fait là, maudit malade !

— C'est pas grave, c'est juste une *joke* !

— Une *joke* de malade, oui. Qu'est-ce qu'on va faire là, sans chaloupe, astheure ?

— Tu dramatises toujours toutte. Tu t'en fais pour rien. Relaxe, *man*. Quand je serai dessaoulé, je vais sauter à l'eau pis j'vas la ramener, ta maudite chaloupe qui prend l'eau.

S'il avait eu une rame entre les mains, Bert lui en aurait sacré un coup derrière la tête. Peut-être même deux.

Cette colère vite montée à son point d'ébullition, ce n'était pas tant à cause de la chaloupe mais plutôt parce que Steeve lui avait avoué – plus ou moins intentionnellement – qu'il ne détestait pas sa blonde, la belle Sonia. Un aveu plein de sous-entendus qui avait finalement débouché sur le fait que Steeve était déjà sorti avec Sonia, plusieurs années auparavant. Sonia n'en avait jamais parlé. Par crainte de la réaction de Bert sans doute. Le chat sort toujours du sac. Mais le passé, c'est le passé, avait ajouté Steeve, en jurant dur comme fer qu'il ne ressentait plus rien envers Sonia depuis belle lurette.

Bert, dont la jalousie était toujours à vif, avait fait dans sa tête l'addition facile : un plus un égale toujours deux, il la revoit encore de temps à autre. En effet, la belle Sonia, même si elle avait laissé Steeve depuis quelques années, ne semblait pas l'haïr autant qu'elle le disait. Ça paraissait dans sa face. C'est vrai que les deux hommes travaillaient depuis plusieurs années à la même usine, pour le même maudit boss, mais maintenant, ils avaient une autre chose en commun : une blonde. Bizarre, cette idée de partie de pêche. En fait, c'était l'idée de Sonia. Mais qu'est-ce qu'elle avait derrière la tête ? Un ménage à trois ? La belle Sonia n'était pas dépourvue de fantasmes. Voulait-elle voir quel coq aurait le dessus s'il y avait un duel ? Drôle d'idée tout de même de pousser ces deux-là l'un vers l'autre.

— T'as toujours été jaloux, mon Bert, lui avait-elle dit en l'embrassant juste avant qu'il ne parte pour le lac Wareau.

Bert n'avait pas répondu.

Deux amis… pas tant que ça. Moins qu'avant en tout cas. Bert supportait Steeve dans les alentours pour ne pas trop contrarier sa blonde. Si Steeve n'avait pas été dans le décor, cela aurait bien fait son affaire, mais bon, on ne choisit pas souvent les anciens amis de sa petite amie.

Steeve regardait la chaloupe chalouper sur le lac et rigolait de plus en plus fort.

— Assez fort ton *stock*, mon *chum*, dit Bert pour changer de sujet.

— Ouais, ça vient tout droit de Porto Rico, mon coco, et il frappe pas à peu près. Avec une ligne de coke comme celle de cette nuit, ça l'a genre comme une valeur ajoutée, comme on dit.

C'est à ce moment-là que le goéland s'était posé sur le quai. Sans faire de bruit. Le volatile dévisageait maintenant Bert avec un drôle de regard et se mit à lui parler. Bert entendit une voix, mais il n'était pas sûr. On aurait dit la voix de Sonia… mais elle était tout de même à quelques centaines de kilomètres de là.

— *Prends ton couteau et tue-le…*

Comme un murmure. Comme une chanson, on aurait dit. Rien d'agaçant. Rien d'agressif. Comme une supplique grecque.

— *Prends ton couteau et tue-le…* répétait le goéland.

Bert regarda le couteau fixé à sa ceinture. Ce n'était pas l'envie qui manquait, mais de là à commettre un geste aussi violent, il y avait une marge. Ils avaient beau être à l'autre bout du monde, sans témoins, ce n'était pas une raison suffisante. Bert détestait Steeve foncièrement, si on grattait un peu, mais pas au point de… En moins de dix minutes, l'enquêteur le moins futé de la planète aurait découvert le meurtrier. Franchement.

— *Qu'est-ce que tu attends ?* ajouta le goéland qui fixait toujours Bert dans les yeux. *Qu'est-ce que tu attends ? Qu'il me viole une autre fois ?…*

Bert secoua la tête. Décidément, le *pot*, la coke et l'alcool le rendaient dément. Il se tourna plutôt vers Steeve et demanda :

— As-tu vu le beau goéland ? Il n'a pas l'air farouche.

— Quel goéland ?

— Là, au bout du quai.

— J'vois pas de goéland. Tu dérailles, *man* !

Le goéland était pourtant toujours là. Au bout du quai. On ne pouvait pas dire qu'il était empaillé ou sans vie puisqu'il battait souvent des ailes, comme s'il était sur le point de s'envoler d'une seconde à l'autre. Le goéland était bien là, en chair et en os, et, en plus, il parlait.

— *Tu veux des détails, peut-être ?* demanda le goéland.

Bert fit signe que oui. Il n'osait pas parler au goéland, que lui seul voyait, selon les dires de Steeve. Aussi bien garder ça pour lui.

40

— *C'était il n'y a pas si longtemps, le 22 août dernier. Tu étais à Malartic… chez ta mère malade. Parti trois jours et deux nuits. Il s'en passe des choses dans une nuit, surtout quand une fille veut pas. Steeve pensait que je l'aimais encore. Il voulait que je revienne avec lui, mais c'est toi que j'ai choisi, parce que c'est toi que j'aime. Par-dessus tout. Parce que tu ne ferais pas de mal à une mouche… enfin, c'est une façon de parler, bien sûr.*

Bert restait impavide. Il hésitait. L'idée pourtant traçait son chemin dans sa tête. Il n'était pas violent de nature. Enfin, c'est ce qu'on dit toujours… Mais personne n'avait le droit de toucher à Sonia. Il suffisait juste que cette idée se rende à son bras, s'empare de sa main et pose le geste ultime.

Bert hochait la tête.

Steeve regardait toujours la barque s'éloigner.

— A s'en va pas vite…

Le goéland insistait :

— *Allez, prends ton couteau et vlan ! Deux petites secondes et nous serons délivrés. Nous serons à nouveau seuls au monde. C'est la seule façon pour lui de comprendre. Il n'y en a pas dix mille. Allez, un peu de courage, mon Bert, fais-le pour moi, pour nous…*

Bert saisit son couteau.

— *Tu ne le regretteras pas. C'est moi qui te le dis. Je serai enfin délivrée. Dès que ce sera fait, tu comprendras et je t'apparaîtrai. Pas comme dans un songe, mais comme dans la réalité. Plus vraie que nature. Plus belle que jamais. Plus sensuelle que…*

C'était bien Sonia dans le corps de ce goéland qui lui parlait, qui le conseillait. Steeve écoutait le bruissement du lac lorsqu'il se retourna pour dire :

— Tu sais pour So…

Il n'eut pas le temps de terminer sa phrase. La lame du couteau de Bert s'enfonça dans son ventre. Comme dans du beurre.

Le sang se mit à couler instantanément. Plus vite qu'une rivière au printemps. Le quai était maculé de rouge. Steeve tituba avant de s'écraser sur le quai. À ses pieds. Bert recula de dégoût.

— *Bravo!* s'exclama le goéland. *Je savais que je pouvais compter sur toi. Tu ne m'as jamais déçue. La vengeance est chaude au cœur du volatile.*

Bert s'avança vers l'oiseau.

Et, comme promis, l'oiseau se transforma pour prendre le visage et la forme de la belle et magnifique Sonia, qui lui ouvrit tout grand les bras.

Bert s'y engouffra en sanglotant. Il pleura comme un enfant. Incapable de s'arrêter. Ses épaules ne cessaient de tressauter.

Bert caressa les cheveux de Sonia en murmurant : « Maman, maman. Console-moi, maman. » Il répétait et répétait ces paroles. Ce qui l'étonna quand il entendit sa voix. C'est comme s'il ne maîtrisait plus ce qu'il voulait dire. Les mots dépassaient sa pensée. Comme les actes commis, quelques instants auparavant, avaient dépassé sa haine, sa jalousie maladive.

C'est à ce moment-là que son regard se porta sur les planches du quai. Tout le bas du corps de Sonia était parsemé d'écailles. Ses pieds étaient palmés. Ses seins nus étaient magnifiques et généreux, mais que pouvait-il faire avec une sirène ?

Bert, muet de surprise, voulut l'embrasser. Pour toucher son rêve.

— *Fais-moi confiance encore,* dit Sonia. *Fais-moi confiance. Viens avec moi, nous irons chercher la chaloupe. Ensemble. Tous les deux. Comme deux amoureux. Puis nous filerons vers le Sud. Incognito… Viens dans mes bras, amour de ma vie.*

Attiré comme par un aimant, Bert embrassa les lèvres douces et humides, puis, sans réfléchir, il ferma les yeux et s'abandonna. Bert sentit son corps s'élancer vers l'avant. Contre son gré. Propulsé vers le gouffre éternel. Bert plongea avec sa sirène dans l'eau froide, en oubliant qu'il ne savait pas nager…

❖

Quelques jours plus tard, on retrouva Steeve Carpentier, mort au bout de son sang, sur un quai du lac Wareau. On découvrit aussi, deux heures plus tard, le corps de Bertrand Sabourin, noyé dans les eaux froides du lac Wareau. Les bras serrés autour de son corps, la bouche ouverte avec un curieux sourire.

Quant à Sonia Trépanier, elle resta muette de consternation en apprenant la mort de deux hommes qu'elle avait aimés. Elle jura cent fois aux policiers qu'elle ne savait même pas qu'ils étaient partis ensemble à un voyage de pêche.

42

Robert Soulières n'aime pas la pêche et ça tombe bien puisqu'il n'aime pas non plus le poisson. Par contre, il laisse souvent tremper sa ligne dans les eaux tumultueuses de l'inspiration pour voir ce qu'il peut en remonter. Il nous avait déjà offert une de ses captures dans *Alibis 7*, intitulée « Dans le tapis ».

Le Lac aux Adons

ANDRÉ MAROIS

Bernard Duchesne

Le problème avec l'été québécois, c'est l'hiver qui précède. De la mi-novembre à la mi-avril, on doit compenser le manque de chaleur et de bikinis. Alors, on boit de la bière. On mange des poutines et des pizzas, du poulet grillé avec des chips. On se gave de nourriture réconfortante, grasse et régressive.

Je parle pour moi, mais je sais bien que je ne fais pas figure d'exception.

Arrivé à la fin d'avril, je n'ai pas besoin de jeter un coup d'œil sur un pèse-personne : je sais que j'ai dû prendre au minimum une douzaine de livres. Qu'il va falloir perdre pour juillet.

Mais j'ai un truc imparable pour régler mon problème : la course à pied en salle.

Cette année-là, je m'étais inscrit dans un club de gym, au coin du boulevard Saint-Laurent et de la rue Rachel.

J'y allais six jours sur sept et j'attendais toujours qu'une des quatre machines face aux fenêtres se libère. Je pouvais ainsi cavaler sur place, avec l'impression de me trouver dehors, tout en tournant le dos aux corps parfaits qui avaient passé la saison froide à grignoter des branches de céleri bio.

Je m'étais inventé un programme redoutable: je commençais par cinq kilomètres le premier jour. Le lendemain, je rajoutais cent mètres et ainsi de suite à chaque nouvel entraînement. Je courais donc six cents mètres de plus hebdomadairement. Lorsque je concluais mon programme, on me surnommait la gazelle de la Main.

Bien sûr, ça prenait de la motivation. La mienne, c'était la perspective de retrouver mes trois voisines au lac Vert. Sur notre petite plage des Laurentides, mon orgueil et ma libido me commandent de me présenter avec le ventre plat. Je nage autour d'elles pendant la journée, et la nuit je rattrape plus de onze mois d'abstinence. Il n'y a pas de temps à perdre. Les vacances de la construction ne durent que deux semaines.

Alors pour profiter à cent pour cent des joies de mon court été, je cavale après mon ventre plat et mes prochains ébats avec Simone, Michelle et Aglaé.

Mais pratiquer ainsi le fond, c'est d'un ennui mortel. On dit que l'endorphine sécrétée nous euphorise… Mouais.

Pour varier les plaisirs, je ne m'entraînais jamais à la même heure. Mon métier me permettait cet horaire souple. J'étais plutôt libre. Je venais transpirer matin, midi et soir. Et je regardais le building gris en face du club de gym. C'était un grand immeuble, appelé le Paris Lofts, entièrement refait à neuf, qui abritait des condominiums de luxe. Il ne s'y passait quasiment rien.

Je voyais les gens se lever, prendre leur café, manger, s'habiller… Ce qui m'a frappé après quelques jours à trottiner, c'est qu'aucun occupant ne semblait travailler. Certains restaient à la maison à pianoter sur leur ordinateur portable. Il paraît qu'on peut gagner sa vie en tenant un blogue. Il faudra qu'on m'explique la marche à suivre; j'ai plein de choses à raconter, moi. Les autres se levaient tard, sans horaire fixe. Ils allaient et venaient, jamais pressés.

J'ai toujours eu une bonne vue. Pas besoin de lunettes pour noter que le propriétaire de l'appartement du quatrième étage nord ne quittait son logement que le mercredi matin, lorsque sa femme de ménage astiquait chez lui, de neuf heures à midi.

Au troisième sud, le couple vivait dans la chambre. Ils se faisaient livrer de la pizza et des mets chinois et regardaient leur écran plat toute la journée. C'était quoi leur métier ? Critiques d'émissions télévisées ?

Au troisième nord, un quinquagénaire au crâne dégarni recevait chaque vendredi soir une femme différente. D'après la rapidité avec laquelle elles le déshabillaient, il ne pouvait s'agir que de prostituées.

Au quatrième sud, juste en face de mon tapis roulant, il y avait celle qui m'intéressait. Une belle rousse dans la trentaine, qui habitait seule. Elle avait un mec régulier, qui lui rendait visite trois fois par semaine : lundi, mercredi et vendredi. Le type possédait un physique impressionnant, style déménageur de congélateur plein à craquer. En me penchant en avant, j'ai remarqué le gros Ford F250 noir stationné un peu plus loin, à moitié sur le trottoir, avec un Haïtien au volant qui fumait par la fenêtre ouverte. Quand le balèze avait fini son affaire avec sa maîtresse, son chauffeur l'emmenait ailleurs.

Après trois semaines, j'ai noté que chaque mercredi, le costaud se pointait avec une grosse valise noire. Quand il sortait de l'immeuble et traversait les vingt mètres qui séparaient la porte d'entrée de son 4x4, on voyait que son bagage pesait beaucoup moins lourd.

Le mercredi, c'était aussi le seul soir où la ravissante rousse travaillait. Bien sûr, les rideaux restaient tirés dans sa chambre, mais on la voyait s'activer dans le salon, souvent en nuisette. J'aime ça, les nuisettes. Ça me motivait dans mon activité solitaire. J'avais envie de courir plus vite pour la rejoindre, mais je continuais mon surplace. Je voyais bien qu'elle emballait des paquets. Elle en déposait une dizaine de la taille d'un dictionnaire sur la longue table en chêne, emballés dans du papier cadeau multicolore.

À partir de juin, j'ai concentré mon entraînement sur les plages horaires qui suivaient les visites du porteur de valise. Je voulais savoir ce que la fille faisait avec ses colis enrubannés.

Le jeudi matin, elle plaçait ses paquets dans deux grands sacs de magasinage en plastique toilé. Le genre de ceux qu'on trouve dans les épiceries responsables du Plateau-Mont-Royal.

45

La rousse sortait de chez elle, mais jamais du building. En observant attentivement les allées et venues dans les autres condominiums, j'ai pu découvrir son parcours. Elle commençait par son voisin immédiat, puis descendait aux logements du troisième, et ainsi de suite à tous les étages. Je ne la voyais pas dans chaque appartement, mais j'apercevais ses longs cheveux ou je remarquais un type en peignoir qui se levait de son canapé et revenait avec son paquet.

Je suis devenu terriblement curieux. Mes neurones se sont emballés. Qu'est-ce qu'un gars avec une dégaine de mercenaire pouvait bien vouloir écouler de façon si discrète ? Je ne voyais que deux solutions possibles : des dollars à blanchir ou de la dope à distribuer. Dans chaque cas, ça m'intéressait.

Je ne vous ai pas parlé de mon métier, car ce n'en est pas vraiment un. C'est plutôt une prédisposition. Je suis opportuniste. J'attends qu'un adon se présente pour lui sauter dessus. Cela peut être n'importe quoi : un délit d'initié qui me permettra de décupler la valeur de mes actions, une entreprise en difficulté que je rachète pour une bouchée de pain, un mari infidèle que je fais chanter... Il suffit de demeurer à l'écoute de tout et de rien. Le hasard fait bien les choses.

Dans le cas présent, je savais que j'étais sur une touche sérieuse. La conjoncture m'était favorable.

En attendant, je m'activais les mollets et je réfléchissais.

Il ne suffit pas de dérober le bien d'autrui pour s'enrichir. Encore faut-il l'écouler à un tarif raisonnable et sans prendre de risque. Dans mon genre, certains me considèrent comme un gagne-petit. Peut-être. Mais si tous les petits gagnaient autant que moi, le niveau de vie des Québécois ferait un sérieux bond en hauteur.

La came ne se fourgue pas n'importe où. L'argent nécessite un réseau solide. Vu le poids des sacs d'épicerie, il y avait là de quoi envisager une sabbatique digne de ce nom.

La règle de survie de l'intrigant, c'est de ne jamais rester immobile. On bouge, on rencontre du monde, on écoute, on lit, on échange des infos avec des collègues. Une idée en amène une autre... Un mercredi soir, après la visite du costaud livreur, j'ai passé la soirée dans un bar bien famé du centre-ville, à siroter du Perrier. Nous étions trois maniganceurs à discuter. J'ai lancé le débat sur un mode badin :

— Un million en petites coupures, qui ça peut bien inté-resser de nos jours ?

Mes deux amis ont finement souri. La somme méritait qu'on s'y attarde.

— J'aurais quelqu'un en tête, mais il faudrait régler ça dans les huit jours, m'a répondu Tony, un petit gros suintant.

— Je t'en reparle alors, Tony…

J'ai laissé passer quelques minutes avant de poursuivre :

— Vingt kilos de poudre, qui ça peut bien tenter à notre époque ?

Mes deux amis ont gardé leur flegme. La proposition valait la peine qu'on y réfléchisse.

— J'aurais un débouché, mais ils cherchent du stock pour la semaine prochaine, m'a lancé Hubert, un grand sec et nerveux.

— Je te tiens au courant, mon Hubert…

J'avais couvert mes arrières. Il ne restait plus qu'à commettre le vol.

Jeudi, vendredi et samedi, j'ai couru sans aboutir nulle part. Comment et quand devais-je dévaliser la rousse ? La coincer le mercredi soir après sa séance avec le mastodonte ou la cueillir le lendemain matin lorsqu'elle sortait de chez elle ?

Le jeudi, son retard serait vite remarqué par ses voisins qui l'attendaient.

Dimanche, je me suis reposé en visionnant un vieux film que j'adore : *L'Arnaque*. Ça m'a requinqué. J'ai passé ma paume sur mon ventre pour en vérifier la tonicité. Nous étions à la mi-juin. J'avais presque retrouvé le physique idéal pour jouir de mon été.

Lundi et mardi, j'ai allongé ma course. Mon impatience gran-dissait. Il fallait que je la calme.

Le mercredi, j'étais fidèle au poste pour m'assurer que la livraison s'effectuait comme d'habitude. Le malabar a débarqué avec son fardeau hebdomadaire. Il a réglé son affaire à la coquine et s'en est allé, délesté.

La rousse a peu après installé les paquets sur la table marron foncé.

Je suis descendu jusqu'à ma voiture stationnée une rue plus loin. J'y ai échangé mon sac de sport contre un autre de travail et je suis reparti ganté, mon passe-partout en poche. Cinq minutes plus tard, je grimpais les escaliers du Paris Lofts. Au quatrième étage, je me suis dirigé plein sud pour aller écraser la sonnette de l'appartement de la belle.

Personne n'était censé atteindre cet endroit sans l'avertir par l'interphone, à moins d'avoir la clé de l'entrée. Elle a vérifié à travers l'œilleton. J'ai souri candidement en exhibant un emballage de papier cadeau similaire à ceux qu'elle utilisait. Le stratagème a fonctionné, car elle a entrouvert sa porte blindée.

48 — Oui, qu'est-ce que…

Je ne lui ai pas laissé le temps de s'interroger davantage sur le pourquoi de ma présence sur son seuil. J'ai aussitôt poussé la fille et je l'ai basculée au sol. Après l'avoir immobilisée avec des *tie-wrap* et bâillonnée avec du *duck-tape*, je l'ai enfermée dans le placard, alors qu'elle roulait ses beaux yeux épouvantés. J'ai saisi les deux sacs de magasinage déjà remplis de leurs petits colis et je me suis éclipsé.

De retour dans ma Toyota Tercel grise, j'ai démarré en gardant mon calme. Tout cela avait presque été trop facile.

J'ai roulé jusqu'au parc La Fontaine. Je me suis arrêté sous les érables de la rue Calixa-Lavallée et j'ai commencé à déballer l'un des dix colis identiques. Il devait peser deux livres.

Pile ou face : du fric sale ou de la poudre à consommer par les narines ? Ou bien une surprise : du plutonium, des cartouches de Uzi, du caviar iranien ?

Le portrait du très honorable William Lyon Mackenzie King sur les liasses de billets neufs a mis fin au suspens. De beaux cinquante dollars bien roses, plus faux que nature, mais admirablement reproduits. J'ai marché jusqu'à la cabine téléphonique au coin de la rue Rachel pour prendre rendez-vous avec Tony le graisseux. Une heure plus tard, je lui échangeais mon pactole contre la moitié du montant en vraies coupures usagées. Un marché avantageux pour nous deux.

Le lendemain, ma curiosité m'a poussé à venir courir comme d'habitude. L'été commençait officiellement le 21 et ce n'est pas parce que j'étais riche que je devais redevenir mou.

En face, rien ne s'est passé jusqu'à dix heures, mais j'ai remarqué que les occupants des condominiums s'agitaient anormalement. Je me suis posé la question de leur oisiveté. Étaient-ils devenus riches grâce à la fausse monnaie ou habitaient-ils déjà là quand la rouquine les avait recrutés ?

À 10 h 15, le costaud a fait irruption chez son amante. Il a dû vite la découvrir dans son placard, car il a aussitôt téléphoné. Dans les autres appartements, les occupants ont subitement rempli des valises de vêtements.

À 11 heures, le Paris Lofts était aussi désert que si on y avait déclaré une épidémie de choléra.

Au quatrième sud, la fille a repris vaguement des forces avant de manger une méchante volée. Le colosse l'a laissée sur le carreau. **49**

Fin du second acte, comme ils disent au TNM.

Je n'ai rien changé à ma routine active et j'ai rejoint mon chalet comme prévu, le 19 juillet. L'air était chaud, le lac avait eu le temps d'atteindre sa température idéale. À mon arrivée, Simone et Aglaé batifolaient déjà dans l'eau. Le ventre impec et les cuisses en béton, je me suis dépêché d'enfiler mon maillot de bain. Enfin!

Mes trois amies sont infirmières. Elles travaillent ensemble aux urgences à l'hôpital Notre-Dame. C'est là que je les ai connues, un soir où un mauvais perdant m'avait cassé le bras parce que je trichais au poker. Elles sont aussi charmantes que dévouées et ont l'habitude de faire des roulements dans leur quotidien. Je peux donc jouer au docteur avec chacune d'entre elles, à tour de rôle. Il n'y a rien de prédéterminé, ni d'ordre à respecter, on agit selon notre instinct. Mes triplettes sont girondes et pas curieuses. Aucune ne m'a jamais demandé quelle était ma source de revenus.

J'ai couru jusqu'à la plage en abusant de mon corps retrouvé. J'ai plongé pour rejoindre mes naïades. Simone et Aglaé m'ont accueilli chaleureusement.

— Où est Michelle? ai-je demandé.

— Elle s'est mariée au printemps, alors nous avons invité une amie, pour la remplacer et partager le prix de la location avec nous. Elle arrive tout à l'heure, m'a répondu Simone.

Devant mon air sceptique, Aglaé a ajouté:

— Tu vas l'adorer…

Moi, je suis pour le changement, tant qu'il est source de réconfort et de plaisir.

J'ai crawlé comme un forcené et traversé le lac dans sa largeur. Deux semaines, c'est vite passé, il n'y avait pas de temps à perdre…

Le soir venu, j'ai fait mon traditionnel barbecue. Nous avons débouché quelques bouteilles de rosé. Nous avons bu à l'amour et à l'amitié, sans chercher à en définir les limites. L'ambiance était à la joie de vivre, à la gaieté.

— Elle arrive quand, votre amie? Comment s'appelle-t-elle?

— Elle ne devrait plus tarder.

— Elle se nomme Lola.

Quand la nuit est tombée, j'ai proposé à Simone de passer aux choses pas sérieuses.

— Tu sais que vous avez la priorité : Aglaé et toi…

— Oui, mais on a beaucoup parlé de tes performances à Lola… Alors, elle a hâte de te connaître… Elle a réservé ta première nuit, celle où tu es le plus en feu. Ça fait partie du *deal*…

J'ai rongé mon frein en descendant des verres de vin. Cinquante-deux semaines d'attente, c'est long. Je discutais sans conviction.

— Vous l'avez connue où?

— À l'urgence, comme toi. Elle est arrivée en juin.

— Elle avait quoi?

— Secret professionnel…

Deux heures ont passé, je m'endormais…

— Va te coucher, elle te rejoindra, m'a murmuré Simone.

Devant mon hésitation, Aglaé a répété :

— Tu vas l'adorer.

J'ai fini par retourner à mon chalet et je me suis écroulé sur mon lit, ivre.

Un claquement de portière de voiture m'a réveillé un peu plus tard. Je me suis levé d'un bond et j'ai jeté un coup d'œil entre deux lattes des persiennes. Une superbe silhouette se rapprochait de mon chalet, souple et chaloupée. Lorsqu'elle est passée sous le lampadaire de mon allée, j'ai reconnu ce mouvement de tête.

La femme du quatrième sud !

En fait, elle avait la tête baissée, mais j'ai surtout reconnu ses longs cheveux roux et ondulés et sa dégaine. Je me suis vite recouché, le cœur battant. Quelques minutes plus tard, une ombre se faufilait dans ma chambre.

Ses vêtements ont glissé sur le sol et elle m'a rejoint entre les draps. Quand j'ai voulu caresser son visage, elle a écarté ma main.

— Laisse-moi faire…

Lola ne pouvait pas m'avoir replacé, on y voyait aussi clair que dans un four. Et puis, mes trois amies et moi, nous n'avions jamais pris une seule photo depuis que nous nous connaissions. Dans ma profession, on a toujours intérêt à garder le profil bas. Mon caractère opportuniste a repris le dessus. J'avais une femme au corps de rêve dans mes bras : j'aurais eu tort de ne pas en profiter. On verrait bien plus tard.

Elle a finalement marqué une pause après notre série de galipettes. Moi, j'avais l'adrénaline en ébullition, j'étais incapable de fermer un œil. J'ai ruminé la situation une bonne minute avant que mon esprit pratique ne reprenne du service. Je ne pouvais décemment pas laisser cette bombe à retardement dans mon propre lit. Le lendemain, Lola m'aurait reconnu et étripé.

J'ai fait ce que n'importe quel autre arriviste aurait fait à ma place, j'ai susurré :

— Lolita… et si on prenait un petit bain de minuit ? Mmm…

On a couru en tenue d'Ève et d'Adam jusqu'au lac. On a plongé ensemble, puis je l'ai vite noyée. Elle n'a pas eu le loisir de réagir.

J'ai attendu quelques minutes, puis j'ai nagé loin de la berge, où j'ai abandonné son corps. J'ai crié pour rameuter mes deux voisines qui ont aussitôt accouru.

— Lola… Elle a coulé, d'un seul coup… Elle ne répond plus !

Simone a appelé les secours. À l'aube, un nageur a retrouvé Lola coincée dans des roseaux et l'a ramenée jusqu'à notre petite plage.

J'ai eu un choc en découvrant sa figure. On aurait dit qu'elle portait un masque d'Halloween. Comme si elle avait été atrocement mutilée par un molosse.

Je n'avais pas beaucoup de remords avant de découvrir son visage, je n'en ai plus eu du tout après. Je venais tout simplement de procurer un peu de plaisir à une pauvre fille à jamais défigurée.

Aglaé semblait gênée…

— Tu ne nous en veux pas ?

— De quoi ?

— On ne voulait pas que tu voies son visage avant d'avoir couché avec elle. C'est pour ça qu'on lui a demandé d'arriver à la noirceur…

Je l'ai rassurée :

— J'ai adoré.

Elles étaient toutes pardonnées.

Quand les policiers de la Sûreté du Québec sont arrivés, elles leur ont tout expliqué :

— Depuis son accident de voiture… enfin, ce qu'il prétendait en être un… le chum de Lola l'avait laissée tomber. Elle était en manque d'amour. Elle prenait beaucoup de médicaments…

Mon empressement de la première nuit n'avait fait que rajouter de l'émotion à l'action. Le médecin dépêché sur place a fait confiance à ces expertes infirmières et il a conclu à une hydrocution.

— C'est très fréquent à cette époque de l'année. Les gens sont trop impatients de se saucer.

Ils ont emporté le cadavre de Lola.

Les vacances ont repris, comme si de rien n'était. L'été est court au Québec, il ne faut pas en gaspiller une miette.

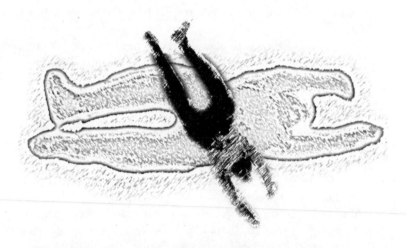

Finaliste au prix du Festival du roman policier de Saint-Pacôme 2003 pour son roman *Les Effets secondaires* (La courte échelle), André Marois en est à sa sixième nouvelle publiée en ces pages. Né en banlieue à Paris, il vit au Québec depuis dix-sept années, écrit des romans noirs pour les adultes, des polars pour la jeunesse et des nouvelles pour tout le monde. « Petit Feu » a mérité à son auteur le deuxième prix du Concours de nouvelles de Radio-Canada 2007. On peut consulter son site d'auteur sur www.andremarois.com.

Illustration : Alain Pilon

Le Rire de la mouette

BENOÎT BOUTHILLETTE

Bernard Duchesne

Sagard, pas trop loin de la route 170,
entre Charlevoix et le Saguenay

Un samedi matin

La tendresse est une force. Comment faire pour y retourner ?
Je veux dire, comment passer outre toutes les horreurs de la
Terre, et espérer rejoindre à nouveau une pureté originelle,
d'où les bassesses des hommes seraient encore exclues ?

Et qu'est-ce que je suis venu faire dans ce foutu merdier ?

LAETITIA — Arrête de chialer, Benjamin Sioui. Avoue qu'on
n'est quand même pas loin du Paradis terrestre…

Tiens, mon Ève qui se réveille. Je me retourne pour la voir
s'approcher. Oubliez tous les fantasmes de la Terre, et aussi tous

ceux qui vous diront qu'il ne faut pas chercher à les assouvir: les
premiers ne seront jamais à la hauteur du moment de grâce que je
suis en train de vivre, et les seconds sont dans le champ, parce que
c'est là qu'on a le plus de chances de retrouver les petits êtres ram-
pants.

MOI — Tiens, mon Ève qui se réveille. Qu'est-ce que t'as dans
ta tasse, du jus de pomme?

54   Je sais bien que la perfection se donne toujours en bloc, et
qu'à la vision divine de ma légiste qui s'approche, venant me rejoindre sur le bout du quai, comme au tout premier jour de l'histoire
du Monde, au lever du soleil, pieds nus, avec pour seul vêtement
une de mes chemises qui lui descend sur le haut de la cuisse, ou
sur le bas des fesses, choisissez le Livre de la Bible qui convient
le mieux à votre pudeur matinale, les volutes s'échappant de la
tasse qu'elle tient au niveau du troisième bouton de sa chemise
entrouverte ne peuvent provenir que des effluves de la graine du
caféier torréfiée et savamment dosée dans le réceptacle de ma
Bialletti moka-express électrique de voyage, préparée par mes
soins abasourdis et convaincus de rêver éveillés, et laissée sur le
comptoir de la cuisine à l'attention de ma bien-aimée avec cette
charmante note:

> *Tiens, pour éviter que tu te brûles les mains*
> *à autre chose que la chaleur de ma peau.*
> *Viens me rejoindre,*
> *mais fais attention de ne pas tout renverser;*
> *ce n'est pas l'amour qui rend aveugle,*
> *c'est ta beauté qui me brûle la rétine.*

Charmant, non?

MOI — Tu m'en donnes-tu une gorgée?
LAETITIA — Tu peux toujours rêver.

Qu'est-ce que je disais…

Ah oui, ce foutu merdier. Jacques Cartier avait raison. Cette
terre est bien la Terre de Caïn. Un pays aride, et cruel, qui interdit à
tout de prendre racine. Surtout au rêve. Nous sommes les héritiers de l'abjection. Condamnés à fouler d'un pas qui ne laisse
aucune trace le sol d'un pays exsangue, mais à jamais souillé par
l'abomination, qui coule désormais jusque dans ses rivières, et
rend toute patrie stérile.

Bon, bien que, formellement, je sois en ce moment en retrait de
cette Terre, maintenu au-dessus des eaux par le pilotis vaillant qui

soutient l'avancée du quai jusqu'au point du lac à partir duquel il est permis de croire qu'on est seul au monde, j'ai l'esprit déchiré entre ce que la vie a à offrir, d'un côté, de plus beau, et de l'autre, de plus abject.

Le plus beau: derrière moi, lorsque je me suis retourné pour la voir émerger de l'aube, et trancher sur la clarté oblique du jour naissant avec toute la lumineuse rondeur de ses courbes matinales, ma légiste, Laetitia, la côte manquante de tous mes Nords, venue me rejoindre, dans ce chalet au bord du lac, à mi-chemin du fleuve où j'ai grandi et de ce fjord qui m'a vu naître, pour le temps d'une seule fin de semaine dérobée à l'obligation de ne jamais pouvoir faire qu'un, elle et moi. Elle, la compagne d'un autre homme, ce pompier pour qui j'ai déjà été prêt à sacrifier ma vie afin de sauver la sienne; et moi, compagnon d'une solitude dont l'incendie, que seul le bassin déversant de cette femme qui s'approche de moi peut contenir, me consume entièrement, derrière le masque affiché de ma sauvagerie foncière.

Elle est là, toute la beauté du monde, dans le sourire redevenu farouche de celle qui m'a tout offert, la nuit dernière, qui s'est donnée entière, au cœur des arbres soudés par le seul poids de leurs troncs empilés formant l'armature du chalet en bois rond où je viens me réfugier, chaque fois que la dureté de la ville ou la mollesse de mon peuple me forcent à me retrancher ici, chaque fois que j'ai mal à mon pays, loin de tout mais au plus près de moi.

Et le plus abject, lorsque je quitte la vision de cette femme qui me sauve de tout et que je ramène mon regard à la scène inaugurale de ce triste récit, qui se déroule devant mes yeux, comme au ralenti, en ces premières heures d'un samedi matin qui aurait dû être consacré à célébrer les beautés de la vie, émergeant à quelques mètres seulement par-delà la dernière planche du bout du quai, que les fientes des oiseaux moqueurs strient de leurs motifs fraîchement créés: flotte une nature morte, un cadavre à la dérive, le corps boursouflé d'un homme faisant face à un destin qui se confond désormais avec la sombre réalité des fonds lacustres, sorte d'iceberg bourreletté coulant mollement au large…

MOI — … et dont la carcasse, quand elle aura rejoint la berge, offerte aux charognards, donnera l'impression d'appartenir à un cachalot échoué.

LAETITIA — Arrête, Benjamin, t'es dégueu… T'es jamais aussi en verve que quand t'es lugubre…

Je suis pas lugubre, j'suis absurde.

Moi — Je suis pas lugubre, j'suis poétique.

Laetitia — Non, tu tournes tout en dérision.

C'est ce que je disais, c'est la seule manière de survivre à l'absurdité du Monde, ma Belle.

Moi — Tu vois la dernière étoile, qui brille, là-bas ?

On quitte pour un instant le spectacle du cadavre poursuivant sa lente course, au gré d'un courant inexistant, et on tourne notre attention vers cette dernière étoile que j'avais repérée, à l'est de notre supposé Éden, luisant sur un ciel chauffé à blanc, avant que sa trace ne soit absorbée, engloutie, par la lumière du soleil.

Moi — Tu sais que ça va prendre à la sonde Galilée, qui voyage à cinquante fois la vitesse d'un jet supersonique, soixante-dix mille ans avant d'atteindre la prochaine étoile ? Et que le nombre d'étoiles dans l'univers est au-delà de dix à la puissance vingt-trois ?

Laetitia — Qu'est-ce que Galilée vient faire là-dedans ? Tu te moques de la mort d'un homme et tu te justifies en invoquant les profondeurs de l'univers ? C'est totalement ridicule.

La dernière réplique avait été martelée avec la solidité et l'aplomb inébranlable des constructeurs de pyramides et des révoltes d'esclaves. Et pourtant, ma compagne tournait déjà sur elle-même, en route pour enfiler ses habits de scientifique, avec pour mission une mort à résoudre. Moi, je reste cloué là, laissé en plan comme toujours par l'indépendance frôlant l'indifférence de cette femme que j'aime pour ces exactes raisons.

Moi (les bras en croix, prêts à embrasser l'étendue de l'univers) — Comment ne pas prendre le parti de la dérision, face à notre aspect tellement dérisoire ?

Bon, allez, ouste, Benjamin, on passe à autre chose.

Laetitia — Qu'est-ce t'attends, Ben ?

Moi — On va sortir le cadavre du lac ?

Laetitia — On a le choix. Soit le cadavre flotte parce qu'il vient d'être jeté à l'eau, auquel cas, si on attend l'arrivée des unités techniques, on risque de le voir disparaître sous la surface et de devoir sonder les profondeurs du lac pour l'en extraire. Soit, secundo, le cadavre flotte parce qu'il a passé suffisamment de temps sous l'eau pour que le processus de décomposition se soit enclenché, auquel cas ce ne sont pas nos interventions qui vont risquer d'abîmer les indices…

MOI — Et si on lui installait des flotteurs et qu'on laissait à d'autres le soin de s'en charger?

LAETITIA — On a le choix. Soit on fait comme des citoyens ordinaires, dont le réflexe serait tout naturellement de sortir le cadavre du lac, avant de penser à prévenir les autorités. Soit on agit comme deux employés de la Sûreté et on emballe le cadavre afin de le livrer dans les meilleures conditions possibles aux soins experts de nos collègues de l'identification judiciaire. Dans les deux cas, on sort le cadavre de l'eau…

Ma légiste est belle comme une injection létale: sitôt rentrée, sitôt sortie. Cette fois-ci, vêtue comme une pêcheuse à la ligne, avec mes bottes de marécage, elle a troqué son costume de reine de mes mille et une nuits pour celui de femme-grenouille. C'est plus qu'un baiser qui sépare les deux images d'elle, c'est tout un historique d'hygiène bucco-dentaire. Devant un tel portrait d'efficacité, je sens soudain les résidus du café me gruger l'émail des dents et presque me perforer les gencives.

Coup d'œil au reste de ma garde-robe: mettons que je suis mieux équipé pour la pêche miraculeuse que pour taquiner de l'asticot. Ça me laisse quoi? Juste mes bottes de *rubber* pour affronter la vase? (Mes bottes vertes design directement importées d'Italie, un septembre de Venise inondée où j'étais allé voir une exposition, Francis Bacon, en veston comme à mon habitude quand je voyage, déjà que j'ai pas la quarantaine crédible, mettons qu'on me prend plus aisément en grippe qu'au sérieux; j'entre dans la galerie, je n'ai pas sitôt franchi la porte que je me heurte au regard hostile de l'accueil qui me fait comprendre que je ne suis pas à ma place: on ne va pas dans les musées en bottes de *rubber*, à Venise. Ah bon? Au moins j'aurai pas eu à jouer du coude pour me frayer un chemin. Tiens, en parlant de frayer…)

LAETITIA — Tu restes dans la chaloupe ou tu vas dans l'eau, Benjamin?

Sous-question: tu préfères faire le Mongol ou la gondole, Benjamin?

On retire le corps mort de l'eau en le tirant dans la chaloupe. Aussi simplement que la phrase le dit. On avait apporté une corde, pour remorquer le cadavre jusqu'à la berge. Mais les abords escarpés du lac ont fait craindre à ma légiste de possibles dégâts sur la dépouille. On allait donc charger le corps dans la chaloupe et tirer celle-ci hors de l'eau. On approche l'embarcation au plus près du quai. On accote notre béluga sur son flanc. On y va à deux paires de bras. L'une qui tire, Laetitia, dans la chaloupe. Et moi qui pousse, les deux pieds prenant appui dans la vase, de l'eau à la hauteur du sternum, la force du cri primal déployée au moment de soulever la bête. On roule la dépouille. Embarque, mon homme, embarque dans ma barque…

58

LAETITIA — Tais-toi pis force, Benjamin.

(N'empêche. « Rouler », « se faire embarquer », on verra plus tard que c'était presque prémonitoire : Benjamin Sioui ou la grande divination du chaman péremptoire… Mais où sont mes champignons magiques ?)

LAETITIA — Y'aura pas de traces de champignons…

(Hein ? Qu'est-ce qu'elle dit ? Tu lis dans mes pensées, ma Belle ?)

MOI — Hein ?

LAETITIA — Je disais que notre homme ne s'est pas noyé. On l'a lancé à l'eau alors qu'il était déjà mort. On en aura la confirmation quand on l'aura bien laissé sécher, quelques heures, étendu sur le dos…

Le moribond vient tout juste de nous révéler son visage de ouaouaron tuméfié que la légiste est déjà sûre de son diagnostic : pas de noyade, on ne doit son look de méduse médusée qu'à « la macération normale des téguments immergés en milieu hydrique » ; autrement dit : ses doigts boudinés, son cou disparu, sa peau qui se détache comme un condom usé, son ventre de bouillotte remplie de Jell-O ne sont que des signes normaux de putréfaction en milieu aquatique (ai-je parlé de l'odeur de vieille *swamp* rancie ?) ; lorsque ma compagne se penche sur le visage du cadavre comme pour l'embrasser (tu vas quand même pas lui faire le bouche-à-bouche ! Une seule particule d'air de plus dans ses poumons pis ça va être l'explosion, on va avoir droit à une pétarade de tripes sur fond d'écran d'eau digne des shows de Céline Dion à Las Vegas !), elle ne s'attarde que le temps d'un souffle éteint, avant de relever la tête, confiante comme l'éternité qui n'attend que son heure.

MOI — Alors, qu'as-tu à dire sur notre mort ?

LAETITIA — Notre pitoune sent les amandes…

MOI — T'as donc ben du beat. Tu fais du Gaston Miron, à
     c't'heure?

LAETITIA — Tu m'en as assez récité…

La dépouille étendue sur la berge du lac plus comme un billot
échoué que comme un cétacé, finalement, la vision est moins triste,
le visage livide et son regard sans vie et tout aussi délavé, tournés
vers le ciel, entre deux bardassements du cadavre (comment
cette femme arrive-t-elle à être si brusque avec autant de grâce ?),
j'apprends par les bons soins de ma légiste l'histoire de ces
champignons de mousse, qui n'apparaîtront pas, à l'orée des
narines du défunt, comme cela se forme presque immanquable-
ment en cas de noyade, curieux résultat du brassage de l'air, de
l'eau et du mucus qui tapisse les parois nasales, au moment des
dernières suffocations affolées du futur trépassé. Hum, on évoque
une petite poudre blanche dans les narines, et soudain le détective
qui sommeille en moi devient tout attentif…

MOI — Mais comment tu sais, qu'il n'est pas mort noyé?

LAETITIA — Tu veux rentrer tes doigts dans sa gorge pour aller
     vérifier la position de son épiglotte?

MOI — Euh, non, je vous fais entièrement confiance là-dessus,
     mon cher docteur Watson…

LAETITIA — Viens, près de la bouche du cadavre. Tu perçois?
     L'odeur d'amande, qui persiste malgré les litres d'eau dont
     le corps s'est imbibé?

MOI — Je pensais que c'était ton corps qui portait les réminis-
     cences de la nuit d'hier…

Rien n'est plus beau qu'une femme suspendue dans sa durée,
extirpée de son quotidien par l'évocation du souvenir heureux
d'une caresse déposée sur sa peau. Le temps d'une éternité com-
primée en un bref instant, les yeux de ma légiste s'illuminent du
plus tendre sourire que prunelles puissent contenir. Le cours des
jours s'arrête, tout entier ramené à ces moments d'émois et d'extase
où, la nuit dernière, mes mains, et chaque partie de mon corps,
ont cherché à ne faire qu'un avec la peau de cette femme, dont
chaque parcelle fut enduite, à force de douceur, de cette huile
d'amande douce que je récupérerai en tordant les draps s'il le
faut, mais dont je réclame que l'on se serve pour me prodiguer
l'extrême-onction lorsque mon ultime moment sera venu, tant je
ne peux aujourd'hui concevoir autrement mon passage vers l'au-
delà. (Le drap pourra même me servir de suaire, si vous voulez.)

LAETITIA — C'est le signe inéluctable du plus élémentaire em-
poisonnement, celui dont on se sert le plus allégrement dans
la littérature policière, tu devrais savoir ça, Ben…

MOI — Le parfum suranné d'une vieille Anglaise ?

LAETITIA — Le cyanure de potassium.

Ah.

MOI — Ah ?

LAETITIA — Mort-aux-rats…

60 MOI — Dit comme ça, il ne resterait plus grand premiers ministres
canadiens…

(Le problème avec le Canada tient dans cette contradiction
irréconciliable : en cas de naufrage, le capitaine, qui devrait être
le dernier à quitter le navire, prend la poudre d'escampette en
même temps que les rats, et glisse le long des quais rejoindre
soit les bureaux de Power Corporation, soit les hangars d'une
compagnie minière coupable d'exactions en Afrique…)

LAETITIA — L'autre manifestation de l'effet du poison, ce sont
les ongles violacés…

Ce qu'il y a de beau, avec ma légiste, c'est que lorsqu'elle
recouvre ses fonctions, l'intensité avec laquelle la femme se livre à
être stupéfiante de beauté pure, malgré elle, se trouve convertie
en absolue dévotion à sa tâche : elle rédige la vie comme un rapport d'autopsie.

MOI — Je trouvais, aussi, que ça faisait pas très sérieux, une
manucure avant d'aller à la pêche…

Mais la véritable surprise nous est apparue lorsqu'on a dé-
boutonné la chemise de notre macéré : gravées sur sa poitrine,
trois entailles formant les lettres **J J C**.

Moment de stupéfaction, pendant lequel ma légiste me re-
garde du coin de l'œil, à la fois exaspérée par ce qu'elle anticipe,
mais aussi un peu curieuse, elle ne l'avouerait jamais, profondé-
ment convaincue que mon silence ne témoigne que de mon effort à
parer l'embarras de la situation par la formulation d'une niaiserie
digne de désamorcer le cynisme même de son propre énoncé.

MOI — Devant un tel tronc, on ne peut que rester penaud…

Je lui tends la perche… Laetitia goûte le jeu. Mais elle finit
toujours par triompher.

LAETITIA — Si tu me sors « Penaud, maître draveur », c'est pas
fort…

Qu'est-ce que je disais ? *That's it*, elle lit dans mon esprit. Et que d'autre disais-je aussi ? Devant ma gueule de premier sinistre, Laetitia triomphe.

LAETITIA — J'pense qu'on serait aussi bien de se mettre à l'ouvrage.

C'est le temps des grands chantiers. On va monopoliser la machinerie lourde, on va faire appel à chaque corps de métier, on va dresser des plans, ça va être la baie James de la déduction, on va échafauder des théories et obtenir des résultats, on va donner une explication à la mort de cet homme-là, mais on va d'abord devoir rouler jusqu'au dépanneur du village pour téléphoner, les ondes du cellulaire ne se rendent pas jusqu'ici.

61

LAETITIA — J J C, selon toi, qu'est-ce que ça peut vouloir dire ?

À la manière dont sa voix se fait presque hésitante, je sens qu'elle regrette déjà presque sa question, qu'elle redoute presque ma réponse. Et je comprends, à voir poindre ce que son regard craint d'afficher, qu'à un moment donné, ça va faire les niaiseries, il n'y a qu'un pas qui sépare la légèreté de la superficialité, et un seul autre la superficialité de la futilité. Je n'allais tout de même pas risquer de gâcher ce magnifique début de journée avec une seule autre de mes – tout sauf inoubliables – tirades légendaires. Rien ne serait pire que de lire une seule fois la déception dans les yeux de la femme que j'aime.

MOI — La première chose qui me vient en tête, ça aurait à voir avec la Jeunesse Catholique, mais je vois pas pour le deuxième J…

Soulagement général du corps médical.

MOI — Toi, t'as-tu une idée ?

LAETITIA — J'te laisse les idées, Benjamin, moi, je m'occupe des faits.

On va toujours bien commencer par lui vider les poches. Pas de papiers d'identité, évidemment, tiens, un pétard à mèche… Ça se fabrique encore ? À ce moment-là m'apparaît l'absurdité d'une tentative de camoufler en noyade un meurtre signé d'initiales gravées sur la poitrine du cadavre, que l'on découvrirait inévitablement en même temps que ce dernier serait repêché. À moins que l'on ait souhaité que le poids des quelques cailloux, que l'on trouve disséminés dans quelques-unes des poches de ses vêtements, fasse contrepartie à la flottaison et leste suffisamment la dépouille pour l'entraîner vers les bas-fonds. Je fais part de mes interrogations à ma collègue...

Laetitia — C'est pas une tentative de dissimulation, c'est un message que l'on cherche à envoyer.

Moi — Comment peux-tu en être si sûre ? Qu'est-ce qui te fait dire ça ?

Laetitia — La nature du minerai. Sors ton alchimie, Benjamin Sioui. Checke sa couleur...

Moi — Quelle couleur ?

Un sourire attendri échappe à Laetitia. Petite pause dans le sérieux que la situation impose.

Laetitia — C'est peut-être ce qu'il y a de plus touchant, chez toi : tes yeux de chevreuil...

Moi — On ne dit pas chevreuil, on dit cerf de Daltonie...

Prolongement du moment d'émotion.

Laetitia — C'est rouge, Benjamin...

Moi — Ah...

Laetitia — Vermillon.

Moi — Ah.

(Noter la ponctuation, qui marque une parfaite concordance de notre pensée. J'aime ce mot, vermillon. Ça sonne comme une merveille dyslexique. Et ça me rappelle la couleur épandue, en signe de paix, sur les joues des guerriers shoshones qui vinrent prêter main-forte aux hommes de l'expédition de Lewis & Clark, dans leur tentative d'ouvrir ce continent vers le Pacifique, guidés dans leur entreprise par une Amérindienne enamourachée d'un Canadien français, Sekagowea et Charbonneau, qui prénommeront leur fils Jean-Baptiste...)

Laetitia — C'est du cinabre.

Moi — Du sulfure de mercure ? Ici, dans le nord du Québec ? Euh... Ça ne se trouve pas ici, non ?

Laetitia — C'est pour ça que je te dis que c'est un message, un geste délibéré.

(Bon, pour ceux qui s'étonneront de notre connaissance mutuelle des différents minerais : j'ignore d'où Laetitia tire ses talents de géologue, probablement du fait qu'elle incarne la version actuelle de la Terre Mère, et que, de son cœur en fusion jusqu'à son écorce inaltérable, aucun type de minéral ne saurait lui faire défaut ; quant à moi, je vous renverrai à la fascination que peut exercer un roman du type de *L'Œuvre au noir* sur l'imagination d'un jeune homme avide d'Absolu, de transmutation et de pierre philosophale…)

MOI — Quel sens on donne à ça ?

LAETITIA — C'est à toi de me le dire…

Je relève mes manches imaginaires.

MOI — Est-ce qu'on le prend au sens des taoïstes, qui considéraient le cinabre comme la substance la plus apte à leur procurer l'immortalité, ou la jeunesse éternelle, et qui l'utilisaient comme drogue pour accéder à un état bienheureux ? Ou au sens des alchimistes, qui croyaient que c'était une des substances les plus propices à être transformées en or ?

(Bon, pour ceux qui s'étonneraient de mes connaissances, je pense qu'avec mes antécédents en toxicologie, mes preuves ne sont plus à faire…)

LAETITIA — Je crois que, vu l'état du porteur d'échantillons, j'opterais pour la piste de l'or… Et ça a l'avantage d'être moins ésotérique. On est quand même loin des réseaux de la pensée chinoise…

MOI — Quoique je ne serais pas étonné de trouver une Académie du feng shui, à Baie-Saint-Paul… Et n'oublions pas que nous ne nous trouvons pas loin du domaine seigneurial du grand ami québécois du régime chinois, le très honorable et respectable Paul Desmarais…

LAETITIA — Ah bon ?

MOI — Tu l'ignorais ?

Et moi de lui raconter, sommairement, comment, pour compenser la triste perte du territoire de pêche que constituait son île d'Anticosti, que Paul Desmarais détenait à l'époque par l'entremise de la Consolidated Bathurst et qui fut vendue à l'État québécois pour presque cinq fois sa valeur comptable estimée, oui oui, l'État québécois a payé 23,8 millions de dollars un territoire évalué à 4,9 millions selon les chiffres mêmes de la compagnie qui s'était enrichie depuis des décennies en exploitant les ressources forestières de l'île ; comment, après qu'en 1974 un territoire de 75 kilomètres carrés situé tout près de Sagard, dans Charlevoix, eut été vendu à la Canada Steamship Lines pour la somme astronomique de un dollar, canadien probablement, oui oui, l'État a cédé un terrain de 75 kilomètres carrés avec accès à, dit-on, 300 lacs, à une entreprise détenue par un milliardaire, en l'occurrence Paul Desmarais, pour la faramineuse somme de un dollar (pour quelle raison, fouille-moi, mettons qu'on n'est pas vraiment dans une région de chantiers navals), avant que le terrain ne soit deux ans plus tard cédé par la Canada Steamship Lines à la Power Corporation, une autre entreprise dirigée par le même sieur Desmarais, et qu'en 1988 le territoire ne soit à son tour cédé par la Power Corporation à son grand patron pour la somme mirobolante d'un dollar...

64

Laetitia — Une piastre pour 75 kilomètres carrés de terrain ?

Moi — Avec accès privé aux lacs, trois guérites et barrières indiquées sur les cartes militaires, sur un territoire exempt de taxes municipales. Le domaine vaudrait aujourd'hui 40 millions de dollars... C'est ici que Nicolas Sarkozy est venu se ressourcer, avant d'entreprendre la bataille qui allait le mener à la présidence de la République...

Tout en discutant, on s'était rendus dans la remise chercher la bâche de plastique bleu qui sert à abrier la Verchères modèle transporteur, en hiver. On a recouvert la chaloupe tirée sur la rive du lac avec sa momie dedans (peut-on, dans le cas de Carla Bruni, parler de Sarco-phage ?), bien ficelé le paquet (une vraie belle papillote, tiens, penser à acheter des patates, quand on ira au village tantôt, pour faire cuire sur le charcoal, ce soir), pour le mettre à l'abri des charognards, ç'a l'air que ça pullule, dans le coin...

Moi — Qu'est-ce tu fais avec un Ford ? On n'est pas dans les X-Files...

Laetitia — C'est quand même plus pratique que d'arriver par Intercar jusqu'à Saint-Siméon, pis de demander à quelqu'un de venir nous reconduire et nous rechercher à la fin de la fin de semaine, comme toi tu fais, parce qu'on n'a pas de permis de conduire...

Moi — On pourrait toujours se rendre au village en quatre-roues...

Laetitia — C'est vrai que j'aime toujours ça, te voir chevaucher ta monture Bombardier, digne fleuron de l'économie et de l'unité canadienne...

(Elle m'énerve quand elle me renvoie à mes dilemmes ou à mes contradictions : soutenir une entreprise qui me méprise, en tant que souverainiste, et qui méprise les lois de ce pays en implantant illégalement, *de facto*, ses usines à hélicoptères sur un terrain appartenant encore à l'État, ou laisser de côté mes convictions et encourager la création d'emplois pour des travailleurs d'ici?)

Moi — Tu sais que le Domaine Laforest, c'est le nom que lui a donné Paul Desmarais, emploie, même durant la saison creuse, plus de trente personnes à temps plein? Que son propriétaire s'est fait designer un terrain de golf qui est considéré comme l'un des plus beaux, et des plus exclusifs, donc des mieux **65** entretenus, au monde? Que, tout comme pour la résidence de Paul Junior au lac Memphrémagog, la récolte du potager cultivé en biodynamie profite rarement au propriétaire des lieux, mais plutôt à ceux chargés de son entretien…

Laetitia — Pourquoi tu me parles de tout ça?

Moi — Pour que tu ne dises pas trop de mal du monsieur, quand on va arriver au dépanneur du village. À peu près tous ceux que tu vas croiser sont employés, de manière directe ou indirecte, par le seigneur du domaine…

Laetitia — On se croirait à une concertation pour l'implantation du CHUM à Outremont…

Même si la route a tout pour nous faire croire qu'on pourrait se trouver aux abords de Twin Peaks, genre, la beauté mystérieuse du dernier *step* avant le lugubre, la musique qui joue dans la radio du *truck*, par l'entremise du iPod de ma Belle, a décidément des airs surnaturels de *X-Files*.

Moi — C'est quoi qui joue?

Laetitia — De la musique estonienne.

Moi — Du Arvo Pärt?

Laetitia — Y'a pas juste Arvo Pärt, en Estonie. Non, un air folklorique. « Comment puis-je reconnaître mon chez-moi? » Une chanteuse australienne.

C'est tout ce à quoi j'aurai droit. On va se contenter de t'ça.

La petite bourgade de Sagard s'annonce par l'apparition de l'immaculé clocher surplombant sa petite chapelle jaune pastel qui se découpe sur le lointain, rénovée au coût d'un million de dollars, gracieusement offert par le riche parrain de la place…

Moi — Pas besoin de compter: un million de dollars, pour cent quatre-vingt-douze places assises, ça fait cinq mille deux cents piastres du postérieur…

On a beau dire, peu importe la religion, rien ne conforte plus l'establishment que le maintien des valeurs traditionnelles. Devant un tel accès de philanthropie missionnaire, les yeux de ma scientifique amie s'embrument d'amers calculs biliaires…

Moi — Guignolée, ça dérive-tu du mot Guignol?

Oh tabarnak! Par le sourire que Laetitia me garroche, je viens de voir l'univers ressusciter du Big Crunch…

66   Comme toujours, madame Laviolette, la Générale du magasin du même grade, se tient mi-debout mi-affalée derrière son comptoir bondé de bébelles inutiles et de bonbons cheap, de *lighters* personnalisés tous plus laids les uns que les autres et de revues à potins dont le seul mérite est d'enseigner le nom des jours de la semaine aux illettrés du Québec. Depuis la toute première fois où j'ai mis mes pieds dans ce dépanneur, les gratteux de Loto-Québec ont toujours constitué la principale source de décoration des lieux, et les vers de terre dans des pots en styrofoam ont toujours côtoyé la crème glacée *passée date* dans le frigidaire à *pop-sicles*.

Madame Laviolette — Tiens, v'là-tu pas d'la grande visite de la grand-ville! Pis, dis-moi pas que notre grand Sauvage de policier se serait enfin décidé à nous présenter sa squaw!

Ma superbe amie, que rien n'irrite à un plus haut point qu'une voix dont le timbre laisse poindre une stupidité foncière que les propos qu'elle professe confirment, coupe court à toute velléité de tentative de rapprochement et ordonne sur un ton qui ne laisse planer aucun doute sur le sérieux de sa détermination à être obéie sans la moindre discussion qu'on fasse venir le plus promptement le service de police local en réponse au signalement de la découverte d'un cadavre…

La proprio du mini-Provigo se dirige en balbutiant vers le téléphone posé dans le coin, derrière le guichet, à côté d'un fax à la fine pointe de la technologie d'une époque révolue et sous le calendrier piné de *post-it* offert par le garage du village. Devant l'intransigeance affichée par ma collègue, la commerçante retrouve instantanément toute la soumission, jamais très loin enfouie chez les pécheresses rurales et pénitentes, que les ouailles manifestaient anciennement envers le curé du village.

Moi — Attends-toi à un choc de procédures, quand tu vas voir débarquer l'autorité compétente…

LAETITIA — Qu'est-ce tu veux dire ?

On n'avait eu quasiment que le temps de constater que derrière une madame Laviolette tremblotante, en proie à un soudain manque de nicotine, au-dessus des étagères installées derrière elle et faisant largement étal et illégalement la promotion du tabagisme actif, se trouvait une petite vitrine remplie d'un assortiment complet de fusées de feux d'artifice en tout genre, *made in China* comme de raison, qu'une voiture banalisée faisait crisser ses pneus en *brakant* dans le stationnement devant le commerce ; l'homme qui en descendit braquant vers nous un regard de défi qui en disait long sur le dédain que notre présence lui inspirait autant que combien il se chrissait de qui on était.

LAETITIA — C'est-tu c'que je pense ?

MOI — Oui, ma Belle, t'as bien deviné : un char de la Gendarmerie royale, avec chargement de bœuf canadien pour confirmer le tout.

LAETITIA — On n'est pas sous la juridiction de la Sûreté, ici ?

MOI — Oui, ma Belle, mais il se trouve toujours des agents de la Gendarmerie royale par hasard pas loin de l'une des guérites barrant l'accès au domaine Desmarais. C'est comme ça chaque fois, simple visite de routine, de courtoisie…

LAETITIA — L'État dans l'État…

MOI — Je te souhaite bonne chance pour essayer de prouver quoi que ce soit. Ces gens-là savent faire, et savent faire taire…

MADAME LAVIOLETTE (toute revigorée à la vue de l'officier banalisé qui venait de faire tinter la cloche de son entrée triomphale) — Tiens, si c'est pas le grand Pierrot qui est de garde, à matin…

SERGENT DUPUIS (Le regard courroucé par le manque de tact de la remarque qui trahissait une certaine assiduité dans sa fréquentation des lieux) — Sergent Pierre Dupuis, délégation spéciale, et exceptionnelle, de la Gendarmerie royale du Canada : quelqu'un ici a appelé pour rapporter un meurtre ?

C'est là que je tique et que j'entre en scène.

MOI — Inspecteur Benjamin Sioui (je lui donne mon grade et mes affectations à la Sûreté), et voici ma (taciturne) collègue (qui garde ses bras croisés alors que je la présente en usant du même descriptif de tâches qu'elle avait servi à la commerçante soufflée par l'explosion d'antipathie viscérale, et en utilisant le vrai nom de ma légiste, ça surprend les gens chaque fois, Laetitia porte le même nom qu'une diva populaire, ça ne fitte absolument pas, c'est peut-être pour ça que j'utilise un subterfuge pour parler d'elle, c'est ma façon à moi de me l'approprier un peu, l'illusion qu'elle n'appartient ainsi à aucun autre univers que le mien). Et pour rétablir les faits : nous avons appelé pour signaler la découverte d'un cadavre, jamais nous n'avons mentionné un meurtre.

68

La haine qui flotte dans le dépanneur est à trancher au couteau (de chasse, pour moi), au scalpel (pour ma légiste) ou au canif suisse (spécial Golf Tool, modèle 0.7052.T, estampillé de la signature de Jean Chrétien, pour l'ardent défenseur de l'uniforme rouge et des terrains verts). Pourtant, la manière avec laquelle ma guerrière égérie rompt le silence ne tient en rien de la délicatesse d'une incision chirurgicale, mais a plutôt tout à voir avec la force brute des biceps tendus et arqués maniant des pinces genre Bolt Cutter servant à broyer le sternum des cages thoraciques des autopsiés.

Laetitia — Et je suppose que si vous êtes ici, c'est pour proposer votre aide, au cas où nous en aurions besoin, et que vous vous êtes empressé de relayer le signalement de notre découverte aux autorités concernées, vu la juridiction purement géographique qui vous retire toute compétence dans cette affaire…

Dans le regard avec lequel le sergent Dupuis toise l'impie peuvent se lire toutes les atrocités commises au cours des siècles au nom de la Vérité. Pour les inquisiteurs, quiconque conteste réfute, et mérite donc le châtiment extrême. C'est le paradoxe des obscurantistes : jamais noirceur n'est trop grande pour combattre l'ennemi de la lumière.

Sergent Dupuis (les mâchoires à ce point serrées qu'on pourrait croire voir des pinces de décarcération coincées fermées) — Dans mon empressement à répondre à l'appel, j'ai peut-être omis d'aviser les autres corps de police…

Laetitia — Ce n'est pas très grave. (Se retournant vers moi, mais sans se retourner vers moi, comment elle fait, je n'ai jamais compris, mais le fait demeure : Laetitia a cette capacité d'exister sous plusieurs angles à la fois, comme si sa beauté était cubiste, et que son intelligence avait trouvé d'instinct le moyen de révéler toutes ses dimensions en se faufilant dans le moindre interstice du temps.) Benjamin, à moins que je ne me trompe, maintenant qu'on peut se resservir de ton cellulaire, tu dois avoir les coordonnées du poste de la SQ le plus proche dans ton répertoire…

MOI — Bien sûr…

Bien sûr qu'elle se trompe. Déjà que mon cellulaire de fonction me sert principalement à être joint par DdF, notre vénéré patron, en cas de crise, il a même droit à sa sonnerie spécifique – *I never talk to strangers* de Tom Waits et Bette Midler –, ou à consulter YouTube, il serait surprenant que je garde dans mon répertoire, parce que encore mille fois moins envisageable que j'aie pris le temps de l'y programmer, le numéro de la succursale de nos amis les petits hommes verts la plus proche…

SERGENT DUPUIS — Nous ne serons peut-être pas obligés de déployer tous les effectifs habituels… Nous connaissons probablement l'identité de l'homme que vous avez retrouvé. Sa disparition nous avait été signalée…

Blablabla. Mangeux de marde. Que les oreilles prudes m'excusent (vous irez lire *Chantiers chastes et prêches*, à la place), mais la rétention d'informations, à un moment donné, ça porte un nom. C'est toujours la même histoire avec la GRC. C'est l'agence de sécurité du capital politique et des élus canadiens. Tant que ceux-ci les laissent gérer leur fonds de pension comme une entreprise mafieuse, ils ne s'inviteront pas dans la campagne électorale comme ils l'ont fait pour aider Stephen Harper à renverser Paul Martin. Par contre, si tu menaces de changer l'institution en rendant son mode de fonctionnement plus transparent et « démocratique », comme en avait l'intention Joe Clark avant de perdre le pouvoir aux mains de Brian Mulroney, t'as toutes les chances du monde que la police montée (contre toi) trouve un nouvel ami en ton adversaire, et que, en échange des bons services rendus, ses plus hautes instances fassent tout en leur pouvoir pour annuler les charges criminelles portées contre le principal bailleur de fonds de celui-ci (Michel Cogger, ça vous dit quelque chose ?). Mais attention : la GRC est apolitique ; elle ne défend rien d'autre que le pouvoir. Pour autant que tu joues le jeu et que tu fermes les yeux sur le fait que la GRC ferme les yeux sur les liens possibles de la Canada Steamship Lines avec des trafiquants d'armes et de drogue, si tu te retrouves dans le pétrin pour une simple affaire de documents incriminants, fais comme Jean Chrétien : compte sur la GRC pour les déclarer falsifiés, avant qu'ils ne disparaissent. *And so on, and so on…* Comme diraient les pourfendeurs de la corruption : on n'est pas sorti de l'auberge Grand-Mère.

Moi — Vous avez une description de l'individu ?

La description correspond. Gars moyen, dans la moyenne, moyenne bedaine, mi-cinquantaine, c'est pas mal ça. J'apprends qu'il se nomme, *whatever*, qu'il est en voyage de pêche avec deux de ses *chums*…

Moi — Qui pourront corroborer ?

Méfiance ou défiance ? Le regard que le sergent Dupuis lève de dessus ses notes est assurément hargneux.

Sergent Dupuis — Bien entendu.

Moi — Je les entendrai donc.

Mais d'où tire-je donc cette soudaine impudence ?

Moi — Vous pouvez continuer.

Est-ce la secousse causée par une telle déflagration de virile intransigeance affichée ? Toujours est-il qu'à ce moment-là, voulant sceller son bulletin de vote, madame Laviolette se coupe la langue sur le rebord de l'enveloppe-réponse contenant son coupon de participation en vue du prochain gala Metrostar. On a la démocratie qu'on peut.

Pendant que Laetitia indique au renfort l'emplacement de notre campement pour assurer le *pick-up* du colis suspect, je sens un élément qui me chicote soudain, qui me traverse l'esprit, ça m'est rentré de par l'arrière de la tête, comme une flèche en provenance du plafond tuilé. Je ne peux m'empêcher de me retourner inutilement vers le *buzz* des néons, comme si un message divin allait m'être délivré par l'œil aveugle de la caméra de surveillance…

Sergent Dupuis — Vous êtes certaine que votre chalet se situe bien à cet endroit-là ?

Laetitia — Vous pouvez venir vérifier, j'ai tout mon kit de survie face aux parfaits imbéciles, dans mes bagages…

Sergent Dupuis — C'est que l'emplacement que vous m'indiquez se situe sur un terrain privé, sur les terres appartenant au Domaine Laforest…

Moi — Pardon. Aux abords du Domaine Laforest… On appelle ça un droit ancestral, ou un droit acquis, comme vous voulez, mais mon peuple, ou le propriétaire du lotissement, comme vous préférez, négociait ici avec les moustiques boréaux bien longtemps avant que votre patron ne fasse ses premières affaires avec les cadres orientaux de la CITIC…

(Comment j'arrive à me souvenir du nom de la China International Trust Investment Company, alors que j'ai de la misère à me rappeler la plupart des noms des premiers ministres du Québec, fouille-moi…) (Mais, à ma défense, qui se souvient de Henri-Gustave Joly de Lotbinière ou de Joseph-Alphred Mousseau?)

Juste au moment où on allait mettre fin à ce cordial entretien et se claquer la porte de nos véhicules respectifs à la face l'un de l'autre, l'extension cravatée des services secrets et moi, une idée informulée me gratte l'intérieur de la paroi frontale, j'appelle ça le réflexe Columbo, une information qui nous rattrape, un détail peut-être crucial que notre cerveau assimile enfin, mais ça s'installe derrière notre sourcil droit, et ça nous achale sans vraiment nous démanger, comme si un diablotin était soudain venu s'asseoir sur notre arcade sourcilière.

MOI — Pardon, cher collègue : comment avez-vous dit que notre individu s'appelait ?

Il me répète le nom, puis déchrisse sur les chapeaux de roues, banalisés eux aussi.

MOI — Pourquoi ça me dit quelque chose, ce nom-là ?
LAETITIA — Parce que Smokey Bear te l'a mentionné y'a cinq minutes.
MOI — N'insulte pas les ours.
LAETITIA — Tiens, as-tu des nouvelles de Grigori ?

(Grigori Turgeon, mon ursidé adjoint, celui que j'appellerais si j'avais besoin d'aller secouer les armoires à glace des chalets voisins, pour les évider de leurs secrets…)

Pour l'instant j'ai mieux que ça. J'ai une idée.

Appel aux archives de la Sûreté, où je suis toujours sûr de trouver Martin, peu importent l'heure et le jour, comme si mon talpidé successeur y avait creusé son terrier.

MOI — Martin ? C'est Benjamin.
MARTIN — Salut, Benjamin.
MOI — Ça va ?
MARTIN — (Toujours aussi loquace) Mmhm…
MOI — J'aurais besoin de toi.
MARTIN — Je t'écoute.

La promptitude foudroyante de l'éclair appliquée à toute tâche qui requiert ses compétences, son attention détournée des mille autres sources que son cerveau était en train de traiter à la seconde précédente pour se concentrer sur l'aide, infiniment précieuse, que lui seul saurait prodiguer. Martin, c'est l'extension bienveillante de DdF, sans les aspérités bougonnes, la certitude d'avoir toujours un moyen de contourner les règles qui nous empêcheraient d'obtenir la pièce justificative nécessaire.

MOI — Ça se fait-tu, un ordinateur portable relié à Internet via satellite, consultable à partir du fin fond du bois le plus reculé du Bouclier canadien ?

MARTIN — On navigue maintenant sur Internet à haute vitesse dans les avions, Benjamin.

MOI — Je présume que c'est un oui ?

MARTIN — T'as besoin de ça pour quand ?

MOI — C'est pas déjà parti ?

MARTIN — Tu veux ça au dépanneur de Sagard ou directement à ton chalet ?

Je lève un doigt d'honneur au ciel en souriant presque à pleines dents, au cas où le traquage satellite permettrait à Martin de suivre notre conversation par images en direct. (J'me garde une petite gêne, côté sourire, pour l'embêtement, quand même, d'avoir le sentiment de ne plus jamais pouvoir échapper au Monde, sauf si c'est pour aller jouer aux échecs avec Ossama ben Laden.)

MOI — Tu sais que tu pourras toujours te recycler en téléphoniste pour le 911, le jour où t'en auras marre de sonder les recoins obscurs de l'humanité…

MARTIN — Ça ou les affaires autochtones, section « dépendances diverses »…

Mais qu'est-ce que c'est que cette soudaine dose de cynisme, de la part de celui que j'ai formé ? Serait-ce que le disciple s'émancipe ? *Oh yeah*, j'imagine que ça signifie qu'on est à la veille de fonder mon Église…

MARTIN — Pour ta pénitence, je t'envoie l'agent Tremblay…

(Ah non ! Pas lui ! Pas ici, pas en ce coin du monde qui existe presque justement pour nous permettre de nous réfugier loin de ce genre d'homme, dont l'existence semble en tous points vouée à contredire le calme et l'harmonie des lieux !)

M<small>ARTIN</small> — J'suis certain qu'un petit détour par son coin de pays ne sera pas pour déplaire à notre Bleuet pétrolivore… Pis qu'à la vitesse où il roule, le jour risque de faire encore clair au moment où tu recevras le colis…

M<small>OI</small> — Martin ! Donnes-y pas l'adresse où je suis ! Dis-lui de laisser le paquet au village…

M<small>ARTIN</small> — Sur le perron de l'église, peut-être ?

M<small>OI</small> — Ça ou ailleurs, que j'vas passer le chercher quand…

M<small>ARTIN</small> — Désolé, Benjamin, informations confidentielles, ça devra t'être remis en mains propres…

M<small>OI</small> — Mais…

J'ai même pas eu le temps de lui faire la *joke* du logiciel de contrôle parental qu'il ne serait pas nécessaire d'installer cette fois-ci, allusion à la présence de Laetitia à mes côtés, hé hé, que la ligne est coupée, fin de la conversation, l'oracle est passé à autre chose. À plus sempiternelle urgence, faut croire. Il n'y a pas si longtemps, j'aurais dit que c'était le métier qui rentrait. Aujourd'hui, je dois simplement admettre que Martin sait désormais que, dans le rapport qui les lie au peuple en attente de réponse à ses questionnements, le silence des dieux aura toujours le dernier mot.

Laetitia est aussi belle assise derrière son volant qu'une bergère antique qui regarderait tomber la pluie avec ravissement, et dont on apercevrait le sourire à travers le reflet de l'ondée par une fenêtre découpée dans le mur d'un lointain abri de fortune, campée dans la simple attente que les choses se passent. Lorsque je prends place à ses côtés et qu'elle inonde l'habitacle de sa grâce, j'ai l'impression d'être tout à la fois la brebis égarée revenue au bercail et l'agneau de Dieu. Dans la stupeur et l'éblouissement (imaginez un mouton frappé par l'éclair et qui survivrait miraculeusement à un second coup de foudre), j'oublie de refermer la portière du *truck* derrière moi, qui gît béante comme le portail ouvert d'un inutile enclos.

L<small>AETITIA</small> — Alors, qu'est-ce qui se passe ?

M<small>OI</small> — Attends-moi, je reviens.

Madame Laviolette me voit refranchir la porte de son commerce avec une crainte qu'elle n'arrive pas à dissimuler. Dans l'expression sonore désarticulée qu'elles bafouillent, ses lèvres crispées laissent pourtant échapper la cigarette que la tenancière de l'établissement s'était allumée dès qu'elle avait cru nos portières refermées définitivement, et la frénésie avec laquelle je l'ai surprise à râteler les peaux mortes de son gratteux avec un vieux trente sous me laisse croire que, de un : les loteries instantanées sont peut-être une manière détournée de l'État pour maintenir un système de santé public à flot en récoltant les fruits de la vente d'une forme d'anti-anxiolytiques obtensibles sans ordonnance ; et que, de deux : dans une région aussi peu densément peuplée que les abords de la route 170 à la hauteur de Sagard, la principale source de revenus sur la vente de loteries du petit commerce est peut-être aussi la principale source de dépenses de sa propriétaire.

Moi — Excusez-moi...

Madame Laviolette tente maladroitement de rattraper sa Belvedere king size à coups de sparages dignes d'un mauvais numéro de clown épileptique. Elle finit par abandonner la manœuvre de sauvetage lorsque son incinérée amie volette et va se perdre parmi les dépouilles remplissant les sacs de bouteilles vides qui empestent contre le comptoir. La tenancière bredouille un confus « Oui, euh, qu'est-ce que je peux faire pour vous, euh, pour toi, mon grand... »

Moi — Vous auriez des patates ?

De retour au camp. Après que des véhicules très visiblement identifiés des forces de l'ordre pleinement habilitées se furent dûment chargés de venir récupérer notre *jackpot* matinal, après moult explications détaillant les circonstances de notre macabre découverte...

Laetitia — C'est-tu moi, ou les jeunes agents de la Sûreté donnent tous l'impression d'avoir suivi leur cours de débriefing en écoutant *24 heures chrono*...

Moi — On dirait une caricature de *Mauvais cop, Bad cop*...

Mais si on veut voir un véritable exemple de mauvais policier, on n'a qu'à faire comme moi : rester planté à l'entrée du sentier qui mène à mon chalet, de façon à en couper l'accès, avec un bon roman entre les mains, habituellement une recommandation de Norbert Spehner dans *La Presse* du dimanche...

(Flash-back sur l'arrivée de ma belle rebelle, la veille, voyant le tas de journaux empilés dans le coin, près du petit poêle en fonte :

Laetitia — Tu lis *La Presse* ? Toi ?

Moi — Oui. Avant, c'était surtout pour Charlie Brown. À c't'heure, tant que Foglia sera là... C'est sûr qu'on n'entendra jamais parler du déménagement de la Bourse de Montréal vers

Toronto dans ses pages, c'est sûr que Petrowski, ça vole pas beaucoup plus haut que Martineau, mais y'a Marc Cassivi, Daniel Lemay pis Norbert Spehner pour nous rassurer sur la liberté de penser encore accordée aux journalistes de l'empire Gesca…

Pis moi, je l'aime, Vincent Marrissal, même s'il faudrait qu'il comprenne qu'il est meilleur dans ses pages qu'à la télé, pis que c'est pas parce qu'il y a une entente secrète entre Radio-Canada pis *La Presse* pour partager du contenu qu'il faut absolument se faire la bouche attitrée collée sur l'organe du pouvoir…)

75

Je disais donc : si on veut rencontrer un véritable spécimen de parfait moron, on n'a qu'à se planter au beau milieu du chemin, comme moi en ce moment (on est bons pour ça, nous, les Indiens, barrer des routes), et attendre que la banalité faite homme surgisse, ici par l'entremise de l'agent Tremblay, mais ça pourrait être n'importe quel mononc' qui croit que sa badge de policier lui donne la permission d'établir sa propre charte des droits.

Laetitia — Tu vas quand même pas risquer de passer des heures dans le bois, à attendre que l'autre tata daigne arriver, juste pour le principe de ne pas le voir mettre les pieds sur ta terre…

Moi — C'est pas pour ça, mon Amour…

Oups, qu'est-ce que je dis là, moi ? Serait-ce la proximité, le désarroi, la possible imminence de voir la tranquillité de notre bonheur à peine retrouvée à nouveau chambardée par l'intrusion d'un élément extérieur, qui me fait oublier, et franchir, les frontières troubles qui nous séparent, Laetitia et moi ? Toujours est-il qu'après un instant d'incertitude, nos regards, pris par surprise beaucoup plus que de panique, conviennent, de concert, de laisser glisser sous silence cet écart de témérité, par respect pour l'écho de sa candeur qui remplit encore toute la pièce…

Moi — C'est pour n'avoir jamais à justifier la raison de ta présence à mes côtés…

Un jardin n'est préservé secret que pour la protection de sa fleur la plus rare.

Laetitia — Dépêche-toi quand même de revenir…

Et, phrase d'une trivialité dont je n'aurais jamais osé rêver :

Laetitia — Je prépare le souper.

Je parke mon quatre-roues à l'entrée du chemin de terre, aux abords mêmes de la route 170. Bien visible, totalement pas-rapport. Je ne sais pas laquelle des appellations qu'utilisent les Français pour désigner mon véhicule me tape le plus sur les nerfs : *VTT*, c'est vraiment nul, ça fait pépé capable de se payer un gros jouet et qui espère rester dans le vent, tandis que *quad*, c'est ridicule, on dirait un mot amputé, qui aurait perdu un membre dans un accident ou qui aurait plongé dans un ravin avant de finir sa course. Il faudra que j'en parle à Sarko, Napo pour les intimes, la prochaine fois qu'il sera dans le coin. En attendant, ça doit bien faire trois voitures quatre portes qui ralentissent à ma vue, toutes le même profil : grosse cylindrée nourrie aux sables bitumineux de Petro Canada.

Je ne m'étendrai pas sur la rencontre avec l'agent Tremblay. Imaginez le pire ramassis de balivernes et de niaiseries qui porteraient sur : les *chars*, les filles, les *chars* encore, les filles sur Internet, le prix de l'essence, les caissières de chez Ashton, les mérites comparatifs de la Chevrolet Impala et de la Crown Victoria, une *joke* sur les *escortes* qui doivent pas être faciles à faire venir dans le coin, la hâte comme on s'peut pus que la flotte des véhicules de la SQ soient remplacés par des Dodge Chargers, et vous aurez une bonne idée de la teneur de notre brève, mais chaque seconde trop longue, conversation.

De retour au chalet, samedi soir

Laetitia — Comment c'était ? Comme tu craignais ?

Moi — Pire. Tremblay est l'exact contraire de toi. Chaque seconde passée en sa compagnie est une seconde de trop soutirée au temps de vie qui nous reste. Tremblay goûte la mort. Chaque fois, sa présence nous rappelle douloureusement combien notre passage sur cette Terre est trop éphémère pour endurer les niaiseries qu'il nous fait subir. Alors que toi...

Laetitia — Alors que moi ?

Moi — Tu me fais goûter à l'éternité.

Laetitia — Christ que t'es intense, des fois, Benjamin Sioui !

(Dit sur un ton qui semble beaucoup plus proche du reproche que du compliment... C'est elle, Laetitia, qui m'avait dit ça, un jour : « Des fois, c'est tellement trop gros, les mots que t'utilises, Benjamin. Comment tu veux qu'on réagisse ? Tu nous percutes... »

Ça vous a-tu déjà été dit, à vous, quelque chose de même ? « Tu nous percutes... » Ça m'est resté. Comme le plus bel, et terrible, aveu de je n'sais pas trop quoi. Mais qui témoigne d'une fragilité extrême. Qu'il faut prendre bien soin de ne pas ébrécher, au risque de tout faire éclater.)

Puis, avec un sourire d'une connivence à faire fondre tout l'arsenal militaire disposé de part et d'autre des frontières israé-liennes, et brandissant l'arme de ma sentence comme l'ultime outil de paix :

LAETITIA — Tiens, tant qu'à percuter : pile donc les patates...

Je m'amuse, dans ma tête, à faire rimer pilon et Ben Gourion, persil et Sinaï, patates et Yasser Arafat, margarine et Itzhak Rabin...

LAETITIA — T'as pas de beurre !
MOI — Je m'approvisionne au village.
LAETITIA — Ah.

Ça dit tout.

LAETITIA — Mais si on n'a pas de beurre, comment on va faire pour faire notre remake du *Dernier Tango à Paris* ?

Y'a rien à répondre à ça.
Je continue.
Sel et Israël, un accord de paix et un soupçon de lait, albu-mine et Palestine...

MOI — Tu mets un œuf dans tes patates ?
LAETITIA — Cesse de poser des questions et contente-toi de brasser. C'est pas à un disciple de monsieur Hire que j'ai besoin d'expliquer le caractère désagréable de ce qui n'est pas très liant...

Mais... La v'là rendue qu'elle me cite mes propres classiques ! Après la musique estonienne de cet après-midi, voilà qu'elle me renvoie au héros que je lui ai fait découvrir et avec qui je m'iden-tifiais pleinement jusqu'à ce qu'elle-même me fasse découvrir une douleur qui correspondait mieux à mes élans de la quarantaine, celle du docteur House, et son amour, toujours aussi impossible, pour la sublimissime Cody...

Je déteste quand, dans les polars, on me parle de bouffe, je ne voudrais surtout pas tenter d'entrer dans la prochaine anthologie de soupers Meurtre & Mystère, alors je dirai seulement que le poulet rôti de ce soir n'a d'équivalent que le foie de lapin d'hier, préparé par les mêmes mains de so(u)rcière ensorceleuse, et comme j'haïs aussi les jeux de mots typographiques, on va pas se gêner pour beurrer épais en matière de bon goût (même, et surtout, si c'est avec de la margarine).

LAETITIA — À quoi il va te servir, l'ordinateur ?

78 MOI — Pour l'instant, à faire des reflets sur le mur avec son screensaver…

(J'allais dire qu'on pourrait toujours aller sur YouTube chercher un feu de foyer virtuel, mais je me suis aussitôt ravisé, en pensant qu'on était mieux de laisser de côté tout ce qui pourrait lui faire penser à son pompier de *chum*…)

Je ne dirai rien des mille incendies que nous avons fait naître cette nuit-là. De la jeunesse retrouvée et des ancêtres perdus. Des plages dont chaque grain de sable constitue une étoile et des lilas qui fleurissent en mai. De la solitude absolue et de la complémentarité parfaite. De la vodka bue au goulot et des chaussures lancées aux ratons laveurs qui grattent à la porte. Des rires et des vertus. Des rêves euthanasiés et des lilas qui pourrissent en juin. Des larmes de plaisir et des larmes de tristesse. De ces vies qui s'additionnent et des autres qui nous sont soustraites. Des saintetés profanées au nom d'un monde meilleur et de la froideur d'un comptoir de cuisine sur la peau d'un bassin moite. Du pléonasme des destins tragiques. Des univers entiers que la perfidie humaine condamne à l'inexistence, et que la chaleur d'une simple caresse réussit parfois à sauver. Non, je ne dirai rien de l'étreinte des phares et du brouillard, du miel et de la rosée…

Mais de cette musique céleste que seul un regard concupiscent nous laisse entendre, j'oserai évoquer le nom…

Du chant de toutes ces époques remontant des entrailles de la Terre pour venir se glisser sous la cambrure d'un dos au comble de l'extase, de cette voûte qui s'ouvre sur l'absolu, j'oserai évoquer le nom…

MOI — Laetitia…

LAETITIA — Benjamin…

Dimanche matin

Quoi de mieux que de surfer sur le Net, un dimanche matin, en écoutant *The Piano Sings*, de Michael Nyman, en *streaming* sur le site de Naxos, alors que votre amour dort dans la pièce d'à côté ? J'haïs ça quand Google change de logo en fonction de l'actualité commémorative. Ça fait matante, alors que Google est le contraire même de l'esprit rétrograde. C'est peut-être l'invention la plus marquante de notre époque. Hier, par exemple, **79** on marche, Laetitia et moi, on trouve une pomme de pin, on se demande comment ça se plante, une pomme de pin, tu tapes « comment planter une pomme de pin » sur Google, pis en deux minutes t'as la réponse… (C'est quoi la toune qui joue ? *The Diary of Anne Frank : If*. Où est-ce que j'ai entendu ça, récemment ?) On va essayer en tapant **JJC**…

Bon, ça donne quoi ? Des noms, déjà. **J**ohn **J**amieson Carswell, un philosophe, **J. J. C**. Abbott, notre ancien maire de Montréal ; on peut peut-être penser à une succession d'initiales, plus typiques des noms composés anglais ? Simple présomption. **J**ohnny **J**ust Come, du slang nigérien pour signifier l'attitude naïve et désemparée des nouveaux arrivants… On continue : services de haute qualité pour votre immobilier sur la Côte d'Azur… Bon, si on sépare les lettres, à c't'heure : **JJC** Pontoise, un salon de coiffure, Standard and Custom Drive Components, plastic power drive, en Californie… Les surréalistes auraient adoré Google. Jules Verne aussi.

On continue les recherches, on descend dans la liste. Tiens, une entrée sur Twitter… J'pense que j'vas aller m'inscrire, juste pour poser à Laure Waridel cette simple question (140 frappes maximum) : *Hey*, chose, l'« écosociologue » : ça prend combien de sacs de plastique pour fabriquer un *dash* de *char* ? Fait qu'on peut-tu me chrisser la paix, chez Renaud-Bray, pis me donner un sac sans que j'aie à me sentir coupable, si j'ai jamais conduit de *char* de ma vie ?

Pis si on rentrait tout simplement le nom de notre victime ? Ouan, pas grand-chose…

M<small>OI</small> — Allô, Martin ?

M<small>ARTIN</small> — Oui, Benjamin ?

M<small>OI</small> — Tu peux-tu fouiller dans nos fichiers, pour retrouver le nom de notre cadavre ?

M<small>ARTIN</small> — T'es techno-nul, mais t'as trouvé le moyen de brancher ton cellulaire sur notre lien satellite sécurisé…

Moi — J'ai de l'aide…

Ma Belle vient de se lever, pas besoin de chercher beaucoup plus loin le sens de la vie…

Martin — Pis ça te tenterait pas de communiquer par courriel ?

Moi — J'ai-tu ton adresse ?

Martin me rappelle une demi-heure plus tard. Il appert que notre imbibée dépouille était fichée pour quelques accrocs commis au code de la route, mais tout ça dans le cadre de ses fonctions officielles, monsieur n'était rien de moins que l'ancien chauffeur, maintenant (définitivement) à la retraite, de nos plus hautes instances politiques, il avait notamment été brièvement le chauffeur de Jean Charest lors de sa transition de la tête du Parti conservateur du Canada à la *chefferie* du Parti libéral du Québec.

(D'ailleurs, comment les gens ne se posent jamais la question, je ne comprends pas. Comment un gars, Jean Charest, qui fait de la politique fédérale et qui est porté par l'establishment conservateur, peut-il, trois mois après avoir déclaré publiquement que JAMAIS il ne ferait le saut vers la politique provinciale, comment est-ce qu'un gars qui était à tel point conservateur et qui fut à tel point odieusement responsable d'un rapport qui minait si outrancièrement les intérêts du Québec, lors des négociations du lac Meech, qu'il força un Lucien Bouchard scandalisé à quitter les rangs de son parti pour fonder le Bloc québécois, comment quiconque peut-il, en trois mois, passer de conservateur fédéraliste aguerri, et chef du parti, à chef des libéraux du Québec ? Comment, une fois au pouvoir, penser qu'il fera prévaloir les intérêts du Québec avant ceux de la fausse confédération canadienne ? C'est comme si Stephen Harper devenait premier ministre du Québec…)

(Bon, pis une fois pour toutes : une confédération, en français, c'est une union d'États souverains ou, pour reprendre les mots exacts du *Petit Robert*, une « union de plusieurs États qui s'associent TOUT EN CONSERVANT LEUR SOUVERAI-NETÉ » !) (C'est moi qui majuscule…)

Petite recherche sur Google. C'est là que l'on apprend que le véritable nom de Jean Charest est… John James Charest ! JJC ! Comment ça se fait qu'on l'appelle Jean ? Jack Layton n'a jamais été Jacques Laiton, Stephen Harper jamais Stéphane, pas plus que Michael Ignatieff Michel, Mulroney très certainement jamais Brillant, alors par quel consensus John James Charest se fait-il appeler Jean dans les médias ?

OK, on a une christ de base. Deux détails relient la victime à notre polichinelle (contraction de politicien professionnel).

MOI — Martin, on peut-tu fouiller le passé de notre macchabée ?

MARTIN — C'est déjà fait. Rien de suspect. Que des charges de service top niveau. Avant d'être prêté à l'équipe Charest, il était au service de Joe Morselli, qui aurait agi comme leveur de fonds pour la course de Jean Charest à la tête du Parti libéral du Québec, en 1998…

MOI — Attends… Le même Joe Morselli qui était le bras droit d'Alfonso Gagliano, dans le cadre du scandale des commandites ?

MARTIN — Oui oui, celui-là même qui a été déclaré « le vrai patron des libéraux fédéraux au Québec » au cours de la commission Gomery…

MOI — Attends…

(Oui, parce que y'a des liens que j'ai de la misère à faire…)

MOI — Tu veux dire que le patron présumé de l'aile québécoise du Parti libéral du Canada est venu prêter main-forte à l'ancien chef du Parti conservateur du Canada afin qu'il devienne chef du Parti libéral du Québec ?

MARTIN — Quelque chose comme ça.

MOI — Ça ne me semble pas très étanche, comme structures politiques autonomes…

MARTIN — On dirait en effet les ramifications d'un parti unique…

MOI — D'où il sort, Morselli ?

Il appert que Joe Morselli a fait surface en obtenant du gouvernement de Robert Bourassa les lucratifs contrats d'alimentation des cafétérias sur les chantiers de la baie James. Son entreprise, Buffet Trio, gère toujours les cafétérias du Centre fiscal de Shawinigan, de certains bureaux d'Hydro-Québec et… de la GRC !

MOI — Bordel…

MARTIN — À qui le dis-tu…

(C'est ça le problème : c'est qu'il n'y a personne qui écoute…)

MOI — Et qu'est-ce qu'il fait maintenant ?

MARTIN — Il médite sur ses actions passées dans le cadre capitonné d'un cercueil rapatrié de Miami, so to speak…

Joe Morselli a connu l'inéluctable vérité de la mort sous le soleil impitoyable de la Floride. Lui qui n'a jamais été inquiété de passer du temps à l'ombre, bien qu'il ait menti effrontément à la commission Gomery en affirmant n'avoir jamais reçu 100 000 dollars comptant des mains de Jean Brault, alors que des enregistrements audio de la GRC prouvaient le contraire…

MOI — Mais, Martin, qu'est-ce qui fait que tu connais tant de choses sur le sort de notre gentil bagman expatrié ?

MARTIN — Lorsque je suis tombé sur son nom, sur Google, plusieurs sources affirmaient qu'il était « apparemment » mort d'une crise cardiaque… Pourquoi cet « apparemment » ? On meurt ou non, d'une crise cardiaque, pourquoi le soupçon ? C'est là que j'ai appris qu'en 1989, une bombe avait fait exploser la voiture de Joe Morselli en face de sa résidence… Disons que ce genre de chose n'arrive pas fréquemment dans le monde des citoyens modèles.

(*By the way*, la question se pose : comment un gars qui, un an avant le dévoilement du scandale des commandites, se trouvait déjà sur écoute par la GRC, comment accepte-t-on qu'un tel homme fasse partie d'une quelconque organisation politique, qu'il côtoie impunément les hautes sphères du pouvoir ? Partout ailleurs, ça ferait un scandale monstre, mais pas chez nous, pas dans ce pays éparpillé et schizophrène…)

MARTIN — C'est là que j'ai fait des recherches sur Wikileaks, pour voir si son nom ne surgirait pas…

MOI — Wikiquoi ?

MARTIN — Wikileaks, Benjamin. C'est un site où des gens qui détiennent des informations non officiellement divulgables vont les déposer, ça ouvre la voie à des possibilités de ragots malveillants, mais ça s'avère souvent plutôt suffisamment étoffé pour qu'un juge californien exige la fermeture du site, par suite d'allégations qui incriminaient une banque suisse dans des tractations de blanchiment d'argent dans les îles Cayman. Donc, j'ai cherché Joe Morselli sur Wikileaks…

MOI — Mais si le site est fermé, comment t'as fait ?

MARTIN — Cesse de m'interrompre, Benjamin, y'a des logiciels pour ça, qui permettent de retrouver certains liens désormais inaccessibles. Y'en a de très faciles d'accès, comme Resurrect Pages…

(*Resurrect Pages…* Le paradoxe et la tautologie de l'écrivain : il doit se retirer de la vie afin de confiner sur papier la partie de l'univers qu'il aura été le seul à pouvoir exprimer à sa façon, soustrayant à sa vie un nombre incalculable d'heures passées à essayer de témoigner, avec le plus de justesse, du destin palpable de passions et d'émotions communes au plus grand nombre possible d'humains ; en échange, lorsque sa propre vie aura touché à sa fin, quiconque reprendra ses livres pourra faire revivre sa pensée, touchera à une parcelle de son âme. À ta mémoire, Salvatore Lombino…)

M<small>ARTIN</small> — Et ce que j'ai appris n'est pas jojo…

M<small>OI</small> — Joe Joe, tu veux dire ?

M<small>ARTIN</small> — Je te transfère les documents…

Bon, je reprends les ingrédients…

L<small>AETITIA</small> — J'te fais-tu cuire une omelette ?

On a : le Parti conservateur du Canada, par l'entremise de son ancien chef…

L<small>AETITIA</small> — Benjamin, est-ce que je te fais cuire une omelette ?

Le Parti libéral du Canada, par l'entremise du chef inofficiel de son aile québécoise qui contribue à…

L<small>AETITIA</small> — Benjamin, c'est ma dernière offre…

La caisse du nouveau chef du Parti libéral du Québec…

L<small>AETITIA</small> — OK, on laisse faire.

M<small>OI</small> — Non ! Oui ! J'en veux ! Excuse-moi, j'ai encore les yeux brouillés…

L<small>AETITIA</small> — Et les oreilles qui déchrissent, ç'a l'air…

En plus de cette aptitude à lier nos destins à des tragédies antiques, partagerions-nous le même humour matinal douteux ?

L<small>AETITIA</small> — Avec du thym ?

M<small>OI</small> — Surtout pas !

Car, son regard exaspéré me le confirme : tout le monde sait que, avec le thym, va, tout s'en va… Et je ne veux surtout pas mettre fin à cette fin de semaine…

Mais ce que les documents de Martin semblent indiquer, c'est qu'on aurait eu des raisons de faire disparaître Morselli parce qu'il serait devenu soudain très embarrassant pour les instances impliquées dans le scandale des commandites. Des liens qui remontent à

Option Québec, l'entreprise frauduleuse montée lors du référendum de 1995 et dont des documents incriminants ont fait la preuve que notre JJC national, futur premier ministre du Québec, avait allégrement enfreint la loi électorale…

MOI — Qui, tu penses, aurait eu avantage à faire disparaître Morselli avant qu'il ne répande plus avant l'exposition de ses techniques frauduleuses ?

LAETITIA — Je sais pas, un employé de la GRC qui n'aimait pas la bouffe de sa cafétéria ?

On pourrait toujours aller en glisser mot à notre représentant de la police montée le plus proche…

Petite douche rapide, rejoint par ma Danaïde…

LAETITIA — T'aurais pas du Léo Ferré dans ton iPod ?

Le bois du plancher mouillé par nos deux corps aussi glissant que celui du petit pont sur lequel je me suis cassé les dents, enfant, alors que je courais pieds nus pour aller me réfugier dans la roulotte parkée pas loin du lac, parce qu'on avait voulu que je me baigne, moi qui avais peur de l'eau à en mourir, à cette époque, on ne survit pas sans séquelle au traumatisme d'un placenta qui quitte le ventre de sa mère avant vous, à votre naissance, à la suffocation d'entrer dans ce monde en passant à dix secondes près de manquer d'oxygène au cerveau, disons que le souvenir des milieux aqueux peut paraître hostile, moi qui aujourd'hui ne saurais vivre sans la possibilité d'aller voler parmi les poissons, dans l'eau matinale de la mer des Caraïbes…

Sa peau douce et lisse comme un marbre de Rodin. J'ai toujours aimé cette expression : je plonge en elle…

Après quelques lacérations de ses ongles qui me ratissent le dos comme s'ils cherchaient à s'agripper à mon cœur…

LAETITIA — Doucement, Benjamin, on sera pas plus avancés si je me retrouve avec des échardes dans le dos…

T'as raison, ma Belle, laisse ta griffe en moi et demeure la toile vierge de toutes mes espérances…

Dimanche après-midi

Le portail d'entrée du Domaine Laforest en impose autant que l'État en exempte les entreprises de son propriétaire. (Ou quelque chose de même, je sais ce que je veux dire, mais le bonheur de vivre me retire toute envie de chercher à formuler exactement ma pensée, comme si l'état de béatitude relevait lui-même d'une formule à la fois trop complexe et fragile, difficile à maintenir en équilibre, certains termes de l'équation risquant de s'évaporer ou de se diluer si l'on arrive à les définir précisément…) On pourra pas me *taxer* de mauvaise foi : simple déduction *fiscale,* ma chère Watson…

On n'a même pas eu le temps de chercher la sonnette que les portes de la grille s'ouvrent comme dans une parodie de Dallas. C'est vrai qu'on avait été cordialement interpellés à la guérite, qui semble avoir été discrètement déposée en travers de la route par une grue géante qui viendrait tout juste de la retirer de la zone tampon « démilitarisée » à la frontière nord-coréenne, par un gentil garçon cravaté et muni du parfait kit de James Bond, version « je m'la joue », prêt à appuyer sur le piton nucléaire face à tout élément récalcitrant. *Stop here stop Sir!* Avec plaisir, mon brave. Pardon, vous dites ? Je m'en viens voir ? L'agent Pierre Dupuis. Oui oui, cherchez dans vos notes, il était de garde, hier. Qui dois-je annoncer ? (La traduction et l'amabilité sont de moi.) L'inspecteur Benjamin Sioui. (Je n'ai pas ajouté « et son infidèle acolyte, Galatée, la plus impitoyable des Muses »…)

On nous laisse avancer. Je rêve ou quoi ? Une réplique en miniature du château de Versailles, avec jardins français et tout, avec ajout de colonnes néo-classico-kitsch, et stationnement digne d'un parc d'autocars de touristes français en pèlerinage à Sainte-Anne-de-Beaupré, en pleine forêt boréale ? Pas étonnant que Sarkozy s'y soit senti à l'aise.

Le majordome qui nous accueille au bas des marches du palace a tout du garde-chasse version AK-47, rictus de dédain envers le plébéen accolé à sa fonction et calvitie doctrinaire offerte en prime. Je soupçonne une triple chique de Bubble Yum aux petits fruits cueillis dans la vallée de l'Okanagan pour servir de tampon à une dentition qui sinon exploserait sous une telle pression des mâchoires, dont les muscles maxillaires feraient pâlir d'envie un Tom Cruise cherchant à exprimer la contrariété, à l'énoncé de la raison de notre venue, et les mots qui sortent presque ventriloquement de sa bouche grésillent avant même d'entrer dans le walkie-talkie.

On ne nous fera pas patienter dans l'antichambre des Grands, nous ne souillerons pas le marbre du réfectoire de nos pieds manants, nous n'entreverrons ni la somptuosité du hall ni la magnificence du cabinet d'aisances, on va nous faire poireauter à l'extérieur des limites acceptables du cercle restreint des privilégiés privilégiés.

Moi — T'aurais pas une cigarette ?

Laetitia — Depuis quand tu fumes ?

Je sais. Un Amérindien qui fume pas, c'est une aberration. En revanche, cette question fumeuse : pourquoi les femmes que je trouve belles m'apparaissent-elles encore plus belles lorsqu'elles fument ?[1]

Moi — J'ai pas le goût de fumer, j'ai juste le goût de pitcher mon butch par terre…

Laetitia — Pardon, monsieur, cette forêt est-elle un espace non fumeur ?

À voir l'exaspération même pas feinte avec laquelle notre décérébré cerbère décide d'ignorer la question, ce n'est certainement pas un espace non frimeur, en tout cas…

Arrivée de notre fringant justicier aux allures de vendeur d'assurances, qui se pointe sur le haut du parvis, dédaigneux et affichant une suffisance effrontée comme le fronton qui le surplombe, jetant un regard au loin pour offrir son profil à la postérité avant de daigner nous rejoindre, et retirer à contrecœur ses Raybans de contrefaçon lorsque je lui dis :

Moi — Très chouettes (Ma Chouette…) vos lunettes (elles sont commanditées ?), j'en avais des pareilles, quand j'étais petit, que j'avais trouvées dans un kit en plastique de parfait espion, acheté au Zellers à côté du Steinberg…

Chacune de mes interventions lui fait à ce point lever les yeux au ciel qu'il semble avoir suivi une formation d'acting à l'école Louise Deschâtelets…

Sergent Dupuis — Inspecteur Sioui. Que nous vaut le plaisir ?

Moi — Officier Dupuis. Tout le plaisir est pour nous…

(Surtout si je m'en réfère à notre séance matinale de serpillage de plancher torve…)

Moi — À propos de l'affaire de meurtre qui nous concerne…

Sergent Dupuis — Je croyais que personne n'avait parlé de meurtre, inspecteur Sioui ? De qui parle-t-on, au juste ?

---

[1]   Réponse dans *La Somme du cheval*, parution prévue au printemps 2011.

Moi — Mais du bedonnant débonnaire retrouvé flottant à la
  dérive des eaux du lac qui vient chatouiller les palmes des
  oiseaux marins nageant au pied du quai faisant face à mon
  chalet, cher collègue…

Je le sais. Qu'est-ce tu racontes, Benjamin Sioui ? Mais c'est
sorti de même, je vous jure, j'y peux rien.

Sergent Dupuis — Mais depuis quand est-il question de meurtre ?
  N'avons-nous pas affaire à un simple, bien que triste, accident de pêche ?

87

Moi — C'est vrai qu'on retrouve souvent des pêcheurs du dimanche avec les stigmates du Seigneur initialés sur la poitrine…

Sergent Dupuis — Peut-être simple fanfaronnade de joyeux
  fêtard un peu trop imbibé d'alcool, ce dont pourront aisément témoigner ses partenaires d'escapade, j'en suis convaincu…

Moi — Qui, par un malencontreux hasard, trempaient leur ha-
  meçon dans un lac qui se situe hors de la zone d'exploitation
  contrôlée, comme si nos adeptes du Rapala avaient confondu
  le Petit lac à la Brume, dont les rives clapotent au pied du
  chalet que je loue, et le Grand lac à la Brume, aux abords
  duquel résident certains invités de votre grand patron…
  Pardon, je voulais dire, du propriétaire de ce domaine…

L'équivoque est sans équivoque, et le sergent Dupuis me
jette le regard de mépris que les membres du clergé ont de tout
temps réservé aux béotiens.

Sergent Dupuis — C'est fâcheux, en effet…

Moi — Cela relève donc d'une juridiction qui vous échappe…

Sergent Dupuis — Mais comme il n'y a pas nature à…

Laetitia — Pardon. Il y a mort d'homme…

  Striking Beauty strikes again !

Moi — Et il y a suffisamment d'éléments d'enquête accumulés
  autour de la découverte du cadavre pour que nous puissions
  effectuer une fouille détaillée sur les circonstances entourant
  la mort de monsieur…

Le ton qu'emploie notre abonné de l'oreillette pour prononcer le nom du défunt claque comme l'énoncé d'un péché capital
proféré par les gardiens de la vertu.

Moi — Oui, c'est bien ça, merci, officier Dupuis. Peut-être n'êtes-
  vous pas sans savoir que le malheureux défunt avait déjà été

employé par les hautes sphères du pouvoir canadien-français, pour qui il agissait à titre de chauffeur.

Notre face de méchoui trop cuit (désolé, c'est la seule image qui me vient) n'a pas l'outrecuidance de prétendre l'ignorer.

MOI — Des recherches effectuées par les services de renseignements de notre corps policier permettent d'établir des liens entre l'identité du défunt et celle de diverses personnes ayant gravité autour du propriétaire de ce domaine, ou des personnes y ayant un jour séjourné…

(Comme cela est poliment dit, délicatement amené…)

MOI — Je tenais à vous remettre personnellement les documents sur lesquels nous nous baserons pour mener notre enquête, étant soucieux de préserver l'équilibre harmonieux des rapports qui nous unissent…

(Tu n'en fais pas un peu trop, Benjamin ? Je jette un œil à ma Guerrière : le profil de sa mâchoire prêt à trancher l'air comme une flèche projetée en direction du troisième œil de notre suintant confrère m'indique que, nan, quand le crapaud tente de t'enliser dans sa bave, la résine du conifère qui s'apprête à lui tomber dessus n'est jamais trop abondante pour être certaine de réussir à le fossiliser dans son ambre…)

SERGENT DUPUIS — Et que disent ces documents ?

Dimanche, en fin d'après-midi, assis au bout du quai, épaule contre épaule, les pieds de Laetitia n'auront jamais l'air d'une chanson de Beau Dommage…

MOI — C'est-tu moi, ou le phoque en Alaska, dont la blonde est partie gagner sa vie aux États-Unis, s'il connaît Chicago et Marilyn Monroe, quand il pense aux États, il devrait aussi savoir que l'Alaska en fait partie, donc que si sa blonde l'a laissé, c'est pas pour les illusions d'un monde extérieur, menteur et menaçant, mais pour les promesses d'un monde meilleur, auquel elle avait naturellement accès, loin de ce loser ?

LAETITIA — Je pense que c'est juste toi, Benjamin…

Ah bon.

LAETITIA — Tu me fais rire quand tu portes ton t-shirt de la
Sûreté. T'es tellement pas corporate…

MOI — Je le sais, mais depuis qu'ils en font des noirs, je trouve
que le logo flashe comme en apesanteur sur le chest, pis que
ça rappelle du coin de l'œil pourquoi on fait tout ça. La
devise, « Service Intégrité Justice »…

Les cris des oiseaux planant dans l'air du soir saturent de
leur exubérante polyphonie la fin du jour qui refuse, en cette
veille de solstice, d'aller rejoindre le couchant.

MOI — Ah, vos gueules, les mouettes !

LAETITIA — C'est même pas des mouettes, Benjamin…

MOI — Je l'sais, c'est des goélands à bec cerclé… Mais c'est
comme dire « chevreuil », alors qu'on sait qu'il n'y a pas de
chevreuils en Amérique, que c'est des cerfs de Virginie qu'on
a. C'est reprendre l'expression des premiers colons qui ne
pouvaient, pour nommer ce nouveau continent, que se rattacher
à ce qu'ils connaissaient, à la faune de leur pays d'origine…

Je l'ai déjà dit[2], avoir eu à choisir mon totem, c'est le goéland
que j'aurais pris, la liberté de son vol porté par le vent, son indépendance due à une fabuleuse capacité d'adaptation, le fait qu'il
suive tant le labour que le chalutier… Mais depuis qu'un goéland à manteau noir m'a clairement signifié que j'étais sur son
territoire de ponte, sur les plages sauvages de Paspébiac, planant
en suspension au-dessus de moi, un peu à l'image d'un Dieu de
la mort dans *Death Note*, allant jusqu'à me piquer dessus lorsque
j'approchais trop près de son nid, sa harangue lorsqu'il s'installait
en vigie sur la falaise, sa semonce, clairement reconnaissable une
fois comprise, « moek moek moek », le fait d'avoir été apostro-
phé par un animal me jugeant suffisamment apte à faire partie de
son monde pour tenter de m'aviser dans son langage que je
m'apprêtais à en franchir les limites, depuis ce jour-là je fais dis-
tinctement la différence entre l'animal majestueux dont le retour
marque la véritable arrivée du printemps et le pansu geignard
dont le cri strident asséné comme le klaxon d'un chauffard rappelle les véritables mouettes, elles, qui hérissent cacophoniquement
les oreilles des passants s'ébaudissant au pied de la grande roue,
sur la place de la Concorde, à Paris. J'ai compris en les enten-
dant gueuler ce que Franquin désignait avec génie par le

---

[2]   Voir *La Trace de l'escargot*, JCL, 2005.

« HIHIHIAÂÂR ! » de la mouette supposément rieuse de Gaston Lagaffe, ce genre de cri écorché qui grafigne et tombe automatiquement sur les nerfs.

LAETITIA — Tu lis du Gaston Lagaffe, toi ?

MOI — Pourquoi, tu me vois lire juste des Yakari ?

LAETITIA — Du Rahan, à la limite…

90 T'as raison, ma Belle. Rahan et son coutelas, Rahan, le fils des âges farouches… Ma Mère qui m'emmenait acheter le *Pif Gadget*, le dimanche, après la messe, j'ai compris beaucoup plus tard que c'était sa forme de récompense, cachée, pour mes bons résultats scolaires. J'aurais dû comprendre ça bien avant d'avoir la dopamine du système de la récompense du perfectionniste totalement fuckée pis de me chrisser le pif dans les pages blanches de *Coke en stock* à vingt ans… *Anyway*. C'est drôle, les souvenirs, comment ça s'intègre, c'est ma Mère aussi qui, après ma débarque sur le petit pont de bois, pour me guérir de ma phobie de l'eau, a suivi en ma compagnie des cours de natation, au sortir desquels on arrêtait toujours m'acheter une boîte de pop-corn rose avec le Lucky éléphant dessus…

LAETITIA — J'te verrais bien en train de lire du Lucky Luke, mais Gaston Lagaffe ?

MOI — Très peu de gens se réclament aujourd'hui de Lucky Luke, à part peut-être Denise Bombardier, plus rapide que son ombre à débiter des anathèmes (je dis débiter, parce que j'ose pas imaginer ce que ce serait si elle se dégainait). Mais tu liras les pages du *Devoir*, Normand Cazelais par exemple, qui se réclame de la paresse intellectuelle du flegmatique héros, l'incompétent par excellence, en truffant ses propos de « bof » ou de « m'enfin »…

(Peut-être Normand Cazelais confond-il, dans ses élucubrations récréo-touristiques, le *flegme* à saveur bon ton britannique, et le premier sens du mot, à savoir cette lymphe, cette « mucosité qu'on expectore », *dixit* le *Petit Robert*. Mais c'est vrai aussi que les textes du mollet journaliste sentent souvent le « liquide obtenu par la première distillation d'un produit de fermentation alcoolique », toujours le premier sens du mot *flegme*, toujours *dixit* le *Petit Robert*…)

LAETITIA — Qu'est-ce que tu penses qui va arriver avec les résultats de l'enquête ?

MOI — Je m'en fous.

J'aime ça, des fois, des histoires qui finissent en queue de poisson. Je veux dire, c'est comme si tu te retrouvais devant l'aveu d'un auteur qui te dirait *sorry*, j'avais rien de mieux à raconter, cette fois-là. Je pense aux romans les moins bons de Ed McBain, tu te fous de où est-ce qu'ils t'emmènent, tout ce qui compte, c'est de partager un temps en compagnie d'un auteur, d'un esprit, que tu aimes. Ce qui compte, c'est le style, la vision unique du monde. Je crois sincèrement que lorsqu'il est acquis que tu es écrivain, que tu transformes en mots et de manière inusitée ton expérience et tes interrogations sur la vie et sur le sort des hommes, il est beaucoup plus facile d'« écrire » que de « raconter ». Il est beaucoup plus difficile d'écrire un bon roman policier qu'un simple bon roman ordinaire, car au-delà des qualités proprement littéraires, non seulement doit-on concevoir un univers langagier qui soit en concordance avec le monde qu'il dépeint, encore faut-il rajouter une strate de difficulté en élaborant une mécanique qui touche aux schèmes à la fois des mythes et des contes traditionnels, qui sont aux fondements de la culture, mais qui sache aussi révéler des replis de l'esprit insoupçonnés, cette catharsis qu'il incombe désormais à l'homme de pratiquer en dehors de tout recours divin, puisqu'il l'a exclu de sa pensée.

(D'autant plus dans une nouvelle, où le lecteur s'attend à un punch final, c'est comme si j'entendais chantonner l'auteur, na-nanana-na, ou ce rire de trompette qui accompagne les *jokes* plates, « mouët-mouët-mouëëët », et qu'il nous disait, « la lecture, c'est pas un coït, c'est de la tendresse, bordel, c'est tantrique »…)

LAETITIA — Tu penses qu'il va y avoir des suites ?
MOI — Je me fie aux intuitions de Martin…

(Flash-back sur une conversation téléphonique satellite, préalable à notre visite de courtoisie chez les sbires de la confédération.
MOI — Martin ? C'est Benjamin.
MARTIN — Salut, Benjamin.
MOI — J'ai reçu tes documents. Je les ai lus.
MARTIN — (Toujours aussi loquace) Mmhm…
MOI — Quelles conclusions tu en tires ?
MARTIN — Aucune. Ce n'est pas mon travail.
MOI — Euh… OK. Alors… Quelle impression ça te laisse ?

Ah là, par exemple. Une impression… C'est comme si je lui demandais, à lui, l'archiviste, de tirer un portrait d'ensemble, grand angulaire, d'une portion de la réalité captée par sa perception, la seule objectivité possible étant celle qu'on obtient à travers un objectif, fictif ou non ; la seule manière d'obtenir de Martin un point de vue sur une situation étant d'en faire l'observateur externe, celui qui ne bouleversera pas un système, en risquant de chambouler les données s'il s'approchait trop près de sa source. Martin ne recueille pas, il consigne. Martin arrive toujours dans un deuxième temps. Il n'est pas l'expérimentateur, il est celui qui observe, celui qui permet d'établir les relations entre les briques élémentaires, mon cher Watson…

MARTIN — Bon, supposons que le lien trouvé entre la victime, Joe Morselli, et John James Charest soit le plus probant. Ce qui me fait le plus pencher pour cette piste d'investigation, c'est le pétard à mèche, découvert dans la poche de la victime. Bon, on s'entend, je trouve que les auteurs du meurtre se sont donné un très grand mal, qui me semble surpasser les capacités intellectuelles habituellement associées aux petits criminels, une capacité d'abstraction hors du commun, pour faire passer leur message, mais si on privilégie cette piste, on retrouve dans les citations de notre premier ministre sortant, à l'annonce des résultats de l'enquête portant sur Option Canada, lors du référendum de 1995, qui avait fait la preuve que nos dirigeants politiques avaient allégrement enfreint les lois de ce pays, que tout cela n'était qu'un « pétard mouillé »… Des initiales au pétard mouillé, en passant par le cinabre qui évoque autant le pont d'or qui aurait été offert à John James Charest pour qu'il fasse le saut en politique provinciale que le rouge du Parti libéral…

MOI — Et la piste de l'or, Martin, tu l'exclus ? Le cinabre, justement, qui évoquait l'or des alchimistes, le pétard qui pouvait rappeler la dynamite utilisée dans les mines, le poison utilisé, le cyanure, qui est activement utilisé pour nettoyer le minerai d'or, en Afrique, et empoisonne des populations entières, encore aujourd'hui…

MARTIN — J'y ai pensé, mais je n'ai trouvé aucun lien entre les lettres JJC et une quelconque entreprise d'exploitation minière… Non, je préfère m'en tenir à la piste de John James Charest. D'autant plus que les destinataires présumés du

message possèdent également de riches investissements
dans des entreprises aurifères en Afrique…

Moi — Donc ?

Ici le récit est interrompu par l'apparition de la Déesse des
Eaux émergeant de la salle de bain, serviette enroulée autour du
corps comme un roulis d'ouragan encerclant l'œil du cyclone,
indifférente à ma présence, toute concentrée sur l'essorage de sa
chevelure remontée et ondulante comme on imagine un tsunami
prêt à déferler.

Martin — C'est sûr que si on avait à extrapoler à partir des éléments d'information que l'on possède, on pourrait sincèrement
s'interroger sur cette impression de flou qui nimbe les circonstances entourant la mort de Joe Morselli, le fait que les
médias rapportent la nouvelle en utilisant des « apparemment »
ou le conditionnel. On pourrait se demander si, à la suite de
sa piètre performance lors des auditions de la commission
Gomery, ses mensonges éhontés contredits par une preuve
électronique recevable en cour, s'il ne devenait pas tout simplement trop gênant pour ses futurs anciens partenaires, qui
auraient pu choisir de l'éliminer. Les activités mafieuses ne
prenant jamais fin avec la mort du chef de famille, on peut
penser que la loi du clan veut que ses successeurs finissent
un jour ou l'autre par retontir…

Moi — Mais, si je suis bien ton raisonnement, comment est-ce
que le fait de tuer l'ancien chauffeur de Joe Morselli pourrait
en quoi que ce soit servir à venger sa mort ?

Ici, la Déesse qui passe d'une pièce à l'autre, manifestement
à la recherche de ce qu'elle sait pouvoir trouver, s'est convertie en
ange d'un défilé de Victoria's Secret, version dentelle de flammes
obscures, broderies de ténèbres prêtes à s'abattre sur une humanité
extatique devant la puissance divine, devant sa force dévastatrice.

Martin — Je ne crois pas qu'on ait cherché à venger sa mort.
Le roi est mort, vive le roi, ça vaut pour toutes les organisa-
tions criminelles. Je crois plutôt que d'anciens associés de
Morselli, évincés du processus d'octroi de contrats sans appel
d'offres depuis la mise à la retraite viticultrice d'Alfonso
Gagliano, ont pu chercher à envoyer un message à ceux qui auraient tenté de couper les ponts avec les activités du clan. Tiens,
en parlant de ponts, je te signale que le principal partenaire
d'affaires de Joe Morselli était Tommy D'Errico – bonne

chance pour trouver des informations sur lui par le Net –, qui fut en son temps président de Beaver Asphalt, l'entreprise qui avait été chargée de la construction du tristement célèbre viaduc écroulé de la Concorde. C'est fou combien on en apprend quand on commence à chercher, par exemple que la même entreprise, Beaver Asphalt, a ensuite été reconnue coupable de complot dans l'industrie du déneigement dans la région de Montréal. Le même Tommy D'Errico avait été col-lecteur de fonds du Parti libéral du Québec de 1983 à 1989, comme quoi une fois qu'on te donne accès aux contrats gou-vernementaux… Mais revenons à notre mouton. En passant par le symbole de John James Charest, les anciens complices du clan Morselli ont peut-être voulu rappeler les loyaux ser-vices offerts dans le passé, notamment lors de la campagne de levée de fonds qui aura permis d'établir un filet de sécurité, que des observateurs politiques bien informés de l'époque avaient qualifié de « pont d'or », peut-être cela explique-t-il aussi la référence au cinabre, la transmutation en or, qui aura permis au chef du Parti conservateur du Canada de faire le saut en politique provinciale…

(Ici, j'aimerais ajouter que, c'est pas pour me vanter, mais j'étais arrivé à peu près aux mêmes conclusions que Martin s'ap-prête à nous énoncer, ce qui ne fait pas de moi un génie, loin de là, je ne suis pas du genre « frotte ma lampe magique et je t'accor-derai tous tes vœux », non, je serais plutôt du genre à m'étendre sur la carpette avec Laetitia et à rêver de tapis volants, mais il sem-blerait que devant Gagli(ano) Baba et ses quarante voleurs, des évidences s'imposent.)

Dans la pièce d'à côté, ma Princesse des Mille et Une Nuits Moins Neuf Cent Quatre-Vingt-Dix-Neuf déplace de l'air à écorner des pales d'éoliennes implantées en Gaspésie mais exploitées par des intérêts européens, proches du maître de Sagard.

MARTIN — J'ignore le rôle exact de notre mort, dans toute cette histoire…

(Il est comme ça, Martin, jamais à court de phrases magnifiques, sous le couvert de données factuelles, « J'ignore le rôle exact de notre mort, dans toute cette histoire »…)

MARTIN — … ni ce qui pourrait inciter les destinataires visés à faire les rapprochements. Mais un blogueur que j'ai eu le temps de consulter me rapportait que, dans les milieux de la finance anglo-canadienne concernés, on se référait à John James Charest en le nommant simplement JJC (prononcer Djè-Djè-Si), ça pourrait être le lien.

MOI — Qu'est-ce qu'on fait avec ça ?

MARTIN — Rien, ce n'est pas de notre ressort.

MOI — On peut peut-être juste aller leur jeter ça entre les pattes, juste pour les emmerder, pour leur laisser savoir ce que l'on sait…

MARTIN — On peut peut-être…

Silence des dieux bègues.

MARTIN — By the way, Benjamin, ce que j'aime de toi, c'est ton emploi, après un anglicisme véreux, « laisser savoir », d'un « L » euphonique, « ce que l'on sait »…

(I bègue your pardon ?)

On appelle ça un « *L* » euphonique ? La *Elle* qui se trouve devant moi à ce moment-là me laisse à la fois aphone et euphorique…

Et c'est exactement ça, sa beauté est celle de ce pays à construire : l'union de toutes les contradictions, la contraction des éléments les plus disparates.

MOI — Ah oui, en terminant, Martin, peux-tu transmettre l'information à qui de droit d'aller vérifier, sur les bandes-vidéo de la caméra de surveillance du dépanneur de Sagard, si quelqu'un ne serait pas venu, dans les jours ayant précédé la mort de notre désormais chauffeur de son propre corbillard, acheter directement sur place le pétard qu'on a trouvé dans la poche du noyé, quelque chose me dit qu'on a peut-être voulu encourager l'économie locale… Ça peut se visionner sur le forward, la vitrine se trouve directement derrière la caisse, au-dessus du comptoir, il faut grimper pour y avoir accès, merci Martin.

Fin du flash-back.)

LAETITIA — J'ai pas le goût que tout ça finisse…

MOI — Ça ne finira jamais, il y aura toujours des salauds pour venir nous empester l'existence…

Un truc, ça, faire porter le poids du désarroi aux géants de ce monde, pour taire la fragilité de notre Atlas intérieur tremblant sous sa peine.

LAETITIA — Est-ce que je te ramène, demain, jusqu'à Montréal ?

MOI — Pour que tu puisses me faire écouter ta chanteuse australienne dont tu ne veux pas me dire le nom ?

LAETITIA — Elle se nomme Jane Sheldon, son album s'appelle
Song of the Angel, je l'ai trouvé parce qu'il y a une toune de
Michael Nyman dessus, If, tirée du journal de Anne Frank…

MOI — Tu me laisseras à Sainte-Foy, je pense que je vas aller
faire un pèlerinage au motel Louise, ou un détour par Wendake,
inaugurer le nouvel hôtel-musée. Passer une nuit, là-bas,
après être allé m'asseoir face à la chute, pour essayer de res-
saisir le cours des choses…

(Comme chaque fois que le tourbillon de la vie m'emporte loin
de ton sillage, mon Amoure…)

Le soleil se couchait au-dessus de Sagard, quelque part sur le
chemin entre le village huron de Wendake, aux abords de Québec,
et la communauté innue-montagnaise de Mashteuiatsh, en bor-
dure du Saguenay.

LAETITIA — Serre-moi dans tes bras, tendrement…

Comme si d'ajouter un adverbe au verbe aimer servait à le
renforcir…

On cherche les mots, de part et d'autre de cette étreinte, mais il
n'y a que le silence, il n'y a que les oiseaux, qui partent rejoindre
le couchant, il n'y a que la vie, dans toute son abondance, mais
qui goûte, pour la première fois dans la mienne, un peu plus le passé
que l'avenir, elle a le goût salé des larmes qui refluent sur les
braises d'un amour trop vite consumé, comme un feu de joie dont
on sera condamné à se souvenir avec moins d'ardeur que l'on
avait mis à l'anticiper. Sous la voûte d'un ciel pas encore étoilé,
passant du bleu au rouge sans flamboyance mais plutôt comme
par défection, la vie goûte l'amertume inavouable des lendemains
de fêtes de la Saint-Jean. Ou devrais-je plutôt dire de la Saint-
John-James, dans ce pays qui élit un premier ministre dont la
preuve fut faite qu'il avait bafoué les règles les plus élémentaires
de la démocratie ? Oui, les mouettes, vous pouvez rire, rire de nous,
rire comme tous les charognards qui, petit à petit, se nourrissent
de la carcasse de nos idéaux…

LAETITIA — Serre-moi dans tes bras, tendrement…

Oui, la tendresse est une force. Mais la douceur est parfois
un obstacle. Comment ne pas franchir le pas qui sépare la réponse

pacifique et la résignation? À quel moment la sérénité avec laquelle nous réagissons posément au détournement de nos aspira-
tions profondes n'entre-t-elle pas en conflit avec le maintien de nos
idéaux? L'espoir de s'en remettre à une bonté foncière de l'humain
peut-il être parfois perçu comme une abdication?

Et même si, oui, lorsque les salauds triomphent, leur règne
est éphémère, à quel moment l'idée de s'en remettre au fatalisme
nous est-elle fatale?

On écrit peut-être des récits policiers parce que c'est notre **97**
seul espoir de voir un jour la justice triompher.

> *À peine idéalismes, rêves, belles espérances ont-ils le temps*
> *de germer en nous, qu'ils sont aussitôt atteints*
> *et totalement dévastés par l'épouvante de la réalité.*
> Anne Frank – *Journal*

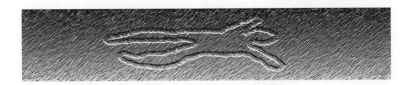

Note: L'auteur tient à rappeler que « Le Rire de la mouette » est une œuvre de
pure fiction, bien qu'il se soit abondamment nourri à même trois sources
signifiantes:
Noir Canada: pillage, corruption et criminalité en Afrique
Alain Denault *et al.*, Montréal, Écosociété, 2008.
Derrière l'État Desmarais: Power
Robin Philpot, Montréal, Les Intouchables, 2008.
La Nébuleuse
Patrick Bourgeois, Sainte-Foy, Le Québécois, 2008.

Benoît Bouthillette, né le 15 décembre 1967, a publié en 2005 le
premier volet des aventures de l'inspecteur Benjamin Sioui (*La Trace
de l'escargot*, éditions JCL, prix Saint-Pacôme du roman policier),
un personnage à son image, féru d'art et éternel romantique. Ont
suivi chez La Bagnole en 2007 *La Nébuleuse du chat*, un roman
jeunesse, et en 2008 *La Mue du serpent de terre*, deux nouveaux
volets des aventures de Sioui. Benoît Bouthillette a remporté le
prix Alibis 2006 grâce à sa nouvelle intitulée « Le Capuchon du
moine » (*Alibis* 19).

MŒBIUS, n° 121

LA PEAU

De la surface aux réseaux
Nouvelles spatialités du polar montréalais

**PIERRE-MATHIEU
LE BEL**

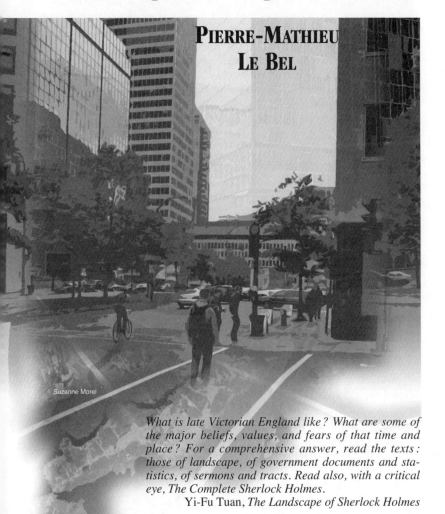

Suzanne Morel

> *What is late Victorian England like? What are some of the major beliefs, values, and fears of that time and place? For a comprehensive answer, read the texts: those of landscape, of government documents and statistics, of sermons and tracts. Read also, with a critical eye, The Complete Sherlock Holmes.*
> Yi-Fu Tuan, *The Landscape of Sherlock Holmes*

Sur la page couverture du premier tome du *Bien des autres*, le polar de Jean-Jacques Pelletier (2003), on voit une carte représentant le nord-est de l'Amérique du Nord. Il s'agit d'une carte toute simple où n'apparaissent pas les frontières. Communiquer au lecteur où commencent l'Ontario et les États-Unis

n'était pas l'objectif du cartographe. Sur ce Québec grossièrement
défini s'étend l'ombre d'une main qui présage des luttes géopoli-
tiques à venir au fil des huit cents prochaines pages. Cette ombre
laisse supposer la présence d'une entité
lointaine aux prétentions planétaires. La
couverture du second tome nous présente, en plus d'une carte, l'image de
manifestants à la cause inconnue et, du
coup, les luttes internationales se trouvent
liées aux manifestations locales des an-
tagonismes. On le devine, les lieux du
crime de ce polar ne sont pas confinés
au même endroit.

   Le présent texte a pour but de montrer ce que la géographie littéraire, ici
celle du roman policier auquel Montréal
sert de scène, peut apporter au discours de
la géographie urbaine et à la réflexion
portant sur la métropole québécoise.
Nous verrons que les protagonistes, par
leurs façons de concevoir, de vivre leur
espace, peuvent alimenter la réflexion
sur la ville et compléter ainsi le travail
de conceptualisation d'un monde urbain
jusqu'ici surtout tourné vers les questions de politique, d'économie et de so-
ciologie.

   Peu de géographes se sont intéressés à l'espace montréalais tel que l'ont
porté des œuvres littéraires et aucun ne
l'a fait par l'entremise du roman policier. Dans ce domaine, on ne peut compter que sur Pierre Deslauriers (1994),
qui faisait ressortir les territoires fran-
cophones et anglophones de Montréal
séparés par la zone de la *Main*, et sur
Marc Vachon (2003), qui s'est intéressé à
Patrick Straram et aux mouvements
d'avant-garde de la contre-culture québécoise des années 1960.
Chez les littéraires, on a été plus nombreux à se préoccuper de la
question spatiale, sans toutefois parler de polar. Par exemple,
LaRue et Chassay (1989), dans leurs *Promenades littéraires dans
Montréal*, ont prêté une attention particulière à différents thèmes dont

plusieurs sont des lieux, un souci bien proche de celui du géographe, mais sans en utiliser les concepts.

Si le polar est absent de ces études, c'est sans doute un peu parce que le roman policier est souvent considéré comme un genre mineur quand on le compare à la *grande* littérature. À ce propos, Norbert Spehner, un littéraire, s'est penché sur le sujet en 2000 en publiant un ouvrage sur le roman policier en Amérique française. Le livre dresse un historique du genre, en fait la typologie et confond ceux qui croyaient le genre policier inexistant au Québec. En effet, on trouve chez nous de plus en plus de romans policiers de qualité et leur popularité ne se dément pas depuis une bonne décennie. Cet engouement serait même généralisé. Ainsi, le *Nouvel Observateur* réalisait dernièrement un dossier sur le polar et sa popularité grandissante.

Géographie du polar

Genre éminemment urbain, le polar est né avec la ville industrielle. Il fournit de nombreuses représentations de l'espace urbain que des géographes du monde entier, tels des détectives, ont exploré :

> *The detective is the one who looks and listens, who moves through this morass of objects and events in search of the thought, the idea that will pull all those things together and make sense of them. In effect, the writer and the detective are interchangeable. The reader sees the world through the detective's eyes, experiencing the proliferation of its details as if for the first time* (Farish, 2005 : 98).

Cette citation rend bien compte en effet de l'esprit qui pouvait animer celui des géographes intéressés au roman policier. Le détective y est vu comme une sorte de flâneur baudelairien, fin analyste de la réalité sociale et fin descripteur du paysage. C'est le cas de tout auteur en général aux yeux des premiers géographes dits humanistes qui se sont penchés sur la littérature. Douglas McManis (1978) considère tout auteur comme une source de données complémentaires permettant de confirmer ou d'infirmer des faits obtenus ailleurs. Yi-Fu Tuan (1985), quant à lui, ira chercher dans les œuvres de Conan Doyle le *sense of place* de la tradition humaniste américaine. Ainsi, pour lui, le roman policier, particulièrement les aventures de Sherlock Holmes, est révélateur de ce qui est source d'angoisse pour le citadin. C'est aussi parce qu'il le voit comme un bon porteur du *sense of place* que Gary Hausladen, dans *Places for Dead Bodies* (2000), fait un tour d'horizon mondial du genre policier. Comme McManis, Hausladen croit que le succès auprès du public, et de

plus en plus auprès de la critique, justifie qu'on voie dans le polar
une source d'informations pour le géographe.

La nouvelle géographie culturelle renouvelle aussi les discussions sur ce que la géographie peut attendre de la littérature (Brosseau, 2003). Sans ignorer les apports possibles du genre policier
pour la compréhension du *sense of place*, des auteurs comme Schmid
(1995), Howell (1998) et Farish (2005) observent pour leur part les
représentations et les relations de pouvoir entre classes, genres et
ethnies et leurs résonances dans la ville du roman policier, mais
aussi du roman policier sur ces relations de pouvoir. Selon Schmid
(1995), le polar exprime un point de vue individualiste qui l'empêche de porter un regard critique sur la spatialisation du pouvoir.
Le roman policier classique (les aventures de Holmes, Maigret ou
Poirot, par exemple), au moyen de la résolution d'une énigme par
un héros, montre au lecteur qu'il est possible d'avoir un certain
contrôle sur le chaos urbain. Schmid croit que la figure du détective
a perdu de son assurance avec le temps, la ville devenant à ses yeux
de plus en plus anxiogène. Le détective ne maîtrise plus son envi-
ronnement comme le faisait un héros à la Holmes. Du coup, les lecteurs, qui sont de plus en plus témoins des angoisses existentielles des
personnages, sont aussi devant une image plus chaotique de l'urbain.

Pour Howell (1998), l'intérêt des représentations de la ville
dans le roman policier réside dans le fait que le détective, comme le
géographe urbain, croit connaître la ville et prétend avoir un discours qui reflète la ville telle qu'elle est. En ce sens, le texte du détective est porteur de remises en question pour le géographe. Le genre
policier procédural, parce qu'il inscrit le héros dans la structure
sociale du travail, de la famille, lui enlève le pouvoir d'incarner la
subjectivité toute-puissante du détective flâneur. Par sa plus grande
attention aux détails, le roman policier procédural permet de tracer
une carte du milieu urbain tout en faisant ressortir l'impossibilité de
le connaître en entier. En ce sens, Howell (1998) estime qu'il rend
justice à la ville. Farish (2005) dirait que le genre policier est utile
au géographe parce qu'il met en lumière des zones grises du milieu
urbain tels les quartiers industriels ou les ghettos. Le héros du
roman noir serait celui qui démontre une plus grande mobilité entre
des territoires hétérogènes.

Les contributions des Schmid, Howell et Farish ont le mérite de
recourir à l'usage d'éléments théoriques de géographie sociale
urbaine dans l'analyse littéraire. Il semble cependant possible de
pousser plus loin leur réflexion en la positionnant à une échelle plus
globale. Les travaux sur la ville laissent croire que l'on s'intéresse
aux relations de pouvoir dans la ville. En fait, ils ne se limitent ni

aux frontières municipales ni à un rapport entre la ville et l'État. De plus, les géographes qui étudient les concepts de mondialisation, de reterritorialisation et de métropolisation le font généralement soit sous l'angle de l'économie, soit sous celui de la politique, rarement sous celui des représentations. C'est un vide qui est susceptible d'être comblé par la conjonction relativement inédite du regard de la géographie et de celui de l'analyse littéraire pour saisir le sens et les manifestations variées de la métropolisation dans l'univers roma-nesque. En m'inspirant des travaux de Howell (1998) et de Farish (2005), j'espère arriver à faire s'exprimer une partie de cette identité silencieuse et montrer comment l'analyse littéraire peut nous aider à penser autrement la géographie urbaine.

Dans cette perspective, c'est à la recherche d'une meilleure compréhension des pratiques de l'espace montréalais par le roman policier et à une recherche de l'insertion du cadre local dans le contexte global que je vous convie. Il m'a semblé intéressant de faire une comparaison de romans policiers montréalais de deux époques en soutenant que ce genre témoigne des changements de la ville en voie de globalisation et qu'il peut susciter des discussions plus générales sur ce thème.

Des surfaces aux réseaux

Les polars que j'ai étudiés ont été choisis au fil des décou-vertes, des disponibilités aussi, surtout dans le cas des plus anciens. Ils se devaient d'être des polars montréalais afin que la plus grande partie de l'action se déroule dans la région métropolitaine de Montréal. Les remarques qui suivent sont issues de l'étude de six polars. *Un homme, rue Beaubien*, de Chicoine et *Le Flic de Montréal*, de Trevanian, datent respectivement de 1967 et de 1976. Le premier a été écrit en français et le second en anglais sous le titre ori-ginal *The Main*. Plus près de nous, j'ai choisi le polar de Benoît Bouthillette, *La Trace de l'escargot* (2005), deux livres de Jacques Bissonnette, *Gueule d'Ange* (1998) et *Sanguine* (1994), et *Le Bien des autres* de Jean-Jacques Pelletier (2003 et 2004).

Dès la seconde page d'*Un homme, rue Beaubien*, le héros nous informe : « je m'appelle Jean Danou et j'habite Montréal » (Chicoine, 1967 : 8). Nous

voilà bien situés, d'autant plus que le titre est on ne peut plus clair : voilà une histoire montréalaise. Elle se passe de surcroît en hiver, comme pour lui donner une identité encore plus forte, identité entièrement assumée par le héros. Cette *montréalité*, aussi apparente chez Trevanian, est notamment construite autour de références à de nombreux lieux réels et de descriptions assez détaillées de la vie sur le boulevard Saint-Laurent (Trevanian), dans les rues Beaubien ou Ontario, ou de trajets à bord de l'autobus de la rue Saint-Denis (Chicoine). Au contraire, le lecteur de Bissonnette (1994, 1998) a du mal à distinguer les lieux de l'action : tout au plus peut-il reconnaître les secteurs de la ville. Chez Bouthillette (2005), on a bien affaire à un détective qui fréquente des salles de spectacles ou des bars montréalais connus, mais qui ne va pas jusqu'à la description des lieux : il nous informe plutôt des genres musicaux, des styles vestimentaires ou des sujets d'actualité de l'heure.

Contrairement à Trevanian, dont le roman se déroule entièrement dans la zone de la *Main*, et à Chicoine, qui couvre le Mile-End, le Plateau et le *Red Light*, Bouthillette et Bissonnette font circuler leurs héros dans des territoires plus étendus. Avec le premier, nous sillonnons le sud de la ville depuis la rue Parthenais jusqu'à la Bourse de Montréal et du Vieux-Port jusqu'à la rue Sherbrooke. De plus, le lieutenant Sioui fait référence à Cuba, au Saguenay et à la Côte-Nord. Bissonnette, quant à lui, nous amène de Montréal-Nord au Centre-Sud, de Côte-des-Neiges et de Notre-Dame-de-Grâce au centre-ville, et évoque le lac des Deux-Montagnes et la Gaspésie, notamment.

En trente ans, les intrigues se sont donc faites plus consommatrices d'espace. Mais si les distances s'allongent, leur maîtrise diminue. Lapointe (le héros de Trevanian) et Danou sont deux marcheurs. Aucun n'a de voiture et le premier n'a même pas de permis de conduire. Avec eux, c'est par les pieds – pour paraphraser le géographe Raoul Blanchard – autant que par les yeux que la ville est appréhendée, apprivoisée. Ces détectives entretiennent un rapport de proximité, même d'intimité, avec leur territoire. Ils en connaissent les habitants et en partagent les coutumes en même temps qu'ils ressentent un intérêt presque académique pour le spectacle de la vie quotidienne qui s'offre à eux. Nous retrouvons bien là la figure du flâneur. Le détective assiste au spectacle de la ville, en même temps qu'il tâche de mettre un peu d'ordre dans le chaos ambiant.

Les polars plus récents, par contraste, mettent en scène des héros dont on nous cache le degré de mobilité. Les déplacements s'effectuent en voiture, moments au cours desquels les personnages discutent ou réfléchissent. Ou bien une ellipse nous fait constater le déplacement après coup. Cela est d'autant plus intéressant que l'inspecteur Sioui, le détective de Bouthillette, marcheur sans permis de conduire de son état, ne fait pas exception : ses déplacements sont l'occasion d'ellipses et ont lieu le plus souvent en taxi. Ce n'est alors pas tant sur les descriptions que peut s'appuyer une étude géographique de la ville du roman policier, même procédural, mais sur la mobilité soit physique, soit, disons, conceptuelle du héros entre zones branchées et zones non branchées. Comme chez Farish qui prétendait que le détective est celui qui est mobile, qui passe d'une zone d'ombre à une zone moins marginale, le détective d'aujourd'hui est mobile, mais cette fois sur un plan informationnel. Il ne ressent pas d'affection particulière pour le lieu où il enquête. Il ne connaît pas ses habitants, et leurs coutumes lui sont le plus souvent étrangères.

Il semble donc que l'on puisse répartir les détectives en deux catégories : les explorateurs de surface et ceux que j'appellerai les *explorateurs de réseaux*. Les explorateurs de surface sont des personnages maîtrisant la connaissance du territoire physique qui les entoure. La résolution de l'énigme qu'ils doivent élucider dépend directement de la maîtrise d'une aire géographique. Les explorateurs de réseaux ne possèdent pas cette maîtrise : pour eux, le territoire apparaît discontinu, car les réseaux de contacts comptent davantage. Ils trouvent la solution à l'énigme parce qu'ils savent où, ou à qui, poser des questions. Leur pouvoir sur l'urbain ainsi que sur le territoire est proportionnel à leur maîtrise des réseaux. Les deux catégories d'individus, explorateurs de surface et explorateurs de réseaux, se situent aux extrêmes d'un continuum dans lequel on pourrait placer chacun des personnages. L'inspecteur Théberge du *Bien des autres*, par exemple, est l'explorateur de surface qui permet aux branchés d'avoir une emprise sur le territoire physique, mais lui-même doit avoir recours à d'autres informateurs. On peut voir dans ce passage de la surface aux réseaux l'expression de l'éclatement du territoire urbain, de son morcellement en petites unités entre lesquelles les échanges, même sur de longues distances, sont facilités par les nouvelles technologies. Peut-on y voir une expression de la fin de l'unité du milieu urbain, de la fragmentation sociospatiale dont on parle si souvent dans la recherche sur l'urbain contemporain ?

Ce serait oublier que le détective ne travaille plus seul. Si le détective d'autrefois était un solitaire, il semble que le détective d'aujourd'hui ne puisse plus travailler seul. Sa déconnexion du lieu l'oblige désormais à recourir à des personnages secondaires mais non moins essentiels. Si les héros se font explorateurs de réseaux, pour résoudre l'énigme, tous doivent faire appel à des explorateurs de surface. Pour Bissonnette, ce sera à une travailleuse de rue ou à des enfants, et pour Bouthillette, à un chauffeur de taxi. Tous ces personnages secondaires sont détenteurs d'un savoir territorial qui fait défaut au héros de polar.

Cela est d'autant plus intéressant que même les criminels sont devenus branchés, des explorateurs de réseaux à l'image des détectives. Ce sont des gens qui savent comment fonctionnent les flux à travers les réseaux de l'art *gore* et des médias (Bissonnette et Bouthillette) ou de la pègre mondiale (Pelletier). Et tout comme les héros, souvent les vilains doivent recourir aux explorateurs de surface, qui permettent une plus grande emprise sur le lieu, mais pas toujours. C'est peut-être ce qui les rend encore plus menaçants : ils maîtrisent à la fois le réseau et la surface, et sont d'autant plus difficiles à attraper.

Parce que l'espace montréalais éclate, on peut difficilement en tracer les frontières. Les personnages d'aujourd'hui sont beaucoup plus au fait des rouages d'une société urbaine mondialisée. Trevanian et Chicoine avaient tous deux mis en scène des polars totalement urbains et montréalais. Si leurs personnages faisaient parfois référence à la campagne, celle-ci restait circonscrite au passé. Au contraire, Bissonnette situe ses dénouements à la campagne. Cette dernière exprime pour lui le calme après le chaos. C'est vers la campagne que tendent les désirs des héros parfois mis en scène par des descriptions bucoliques empreintes de clichés. Hyper branché, le héros souhaite la déconnexion. Il doit parfois aller aussi loin que Cuba pour y arriver, parfois aussi près qu'au lac des Deux-Montagnes. Le Montréal de Jean-Jacques Pelletier va au-delà des distinctions classiques entre ville et campagne. L'action du *Bien des autres* se déroule surtout à Montréal, mais des centres décisionnels sont situés à

Drummondville, à North Hatley et à Massawippi, là où l'on peut planifier le sort de la planète tout en jouissant de l'image de la brume sur le lac. La ville métropolisée n'est plus limitée au territoire de la ville de Montréal proprement dit. C'est l'efficacité des communications qui importe, si bien que le Montréal de Pelletier est le grand Montréal, celui que recoupent les infrastructures des nouvelles technologies de l'information. Ce n'est pas une frontière incarnée par la continuité du bâti qui compte, mais celle de la continuité du *branché*. Le Montréal du polar semble se diluer dans sa région, dans le Québec et dans le monde.

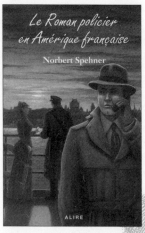

Conclusion

J'ai montré qu'il est possible de trouver dans le polar une reformulation progressive de la façon dont les personnages vivent leur espace. L'intrigue policière montréalaise est de plus en plus consommatrice d'espace. Mais si le territoire s'étend, la maîtrise de l'espace diminue. Les polars plus récents mettent en scène des héros dont on nous cache la mobilité, qui agissent grâce à une mobilité elliptique où la proximité physique s'efface au profit de la proximité relationnelle. De flâneur, explorateur de surface dont le corps à corps avec les lieux était marqué, le détective est devenu un explorateur de réseaux qui comprend bien les espaces de flux d'une ville métropolisée. La métropole du polar s'oppose à la campagne non pas en sa qualité de bâti urbain, mais dans la même dualité branché/non branché qu'on trouve chez les personnages. Le regard du héros acquiert ainsi une portée qui va au-delà de la rue, du quartier ou de la ville. Il perçoit jusqu'à l'influence des forces globales planant sur la métropole. Mais ce qu'on aurait pu prendre pour une confirmation du morcellement du monde urbain est nuancé par la présence de personnages secondaires, alliés essentiels du détective, dont la maîtrise du territoire est absolue. Ainsi, l'unité urbaine ne disparaît pas des représentations de la ville dans le polar, mais subit plutôt une baisse dans l'échelle de l'héroïsme en passant de l'inspecteur au chauffeur de taxi tout en soulignant que le pouvoir sur l'urbain se trouve désormais du côté des explorateurs de réseaux.

Il faut garder à l'esprit que ces commentaires portent sur des polars montréalais et non sur la littérature québécoise en général. Cet exercice a fourni des éléments de réflexion sur l'expérience de l'espace urbain vécu, partie prenante de changements des plus contemporains. Lorsque la géographie s'intéresse aux questions liées à la métropolisation, elle choisit souvent de le faire sous l'angle de l'économie et de la politique. La littérature offre un point de vue alternatif. Le genre policier, parce qu'il est destiné à un large public et qu'il met en scène de fins utilisateurs de la scène urbaine, est un des genres littéraires susceptibles d'ouvrir une fenêtre sur la géographie imaginaire de la ville. Celle-ci importe parce qu'elle encadre l'action des individus. C'est pourquoi je vous conviais à ce retour, en géographe, sur les lieux du crime.

Bibliographie

BISSONNETTE, Jacques
   Sanguine, Beauport, Alire, 2002.
   Gueule d'Ange, Beauport, Alire, 2001.

BOUTHILLETTE, Benoît
   La Trace de l'escargot, Montréal, JCL, 2005.

BROSSEAU, Marc
   « L'espace littéraire entre géographie et critique », dans Rachel Bouvet et Basma El Omari (dir.), *L'Espace en toutes lettres*, Québec, Nota Bene, 2003, p. 13-36.

CHICOINE, René
   Un homme, rue Beaubien, Montréal, Cercle du livre de France, 1967.

DESLAURIERS, Pierre
   « Very Different Montreal », dans Peter Preston et Paul Simpson-Housley (dir.), *Writing the City*, London, Routledge, 1994, p. 109-124.

FARISH, Matthew
   « Cities in Shade : Urban Geography and the use of noir », dans *Environment and Planning D : Society and Space*, vol. 23 n° 1, 2005, p. 95-118.

FORESTIER, François
   « La folie polar », dans *Le Nouvel Observateur*, n° 2124, 21-27 juillet 2005, p. 6-9.

HAUSLADEN, Gary J.
   Places for Dead Bodies, Austin, University of Texas Press, 2000.

HOWELL, Philip
   « Crime and the City Solution : Crime Fiction, Urban Knowledge, and Radical Geography », dans *Antipode*, vol. 30 n° 4, 1998, p. 357-378.

LARUE, Monique et CHASSAY, Jean-François
   Promenades littéraires dans Montréal, Montréal, Québec/Amérique, 1989.

McMANIS, Douglas R.
   « Places for mysteries », dans *The Geographical Review*, vol. 68 n° 3, 1978, p. 319-334.

PELLETIER, Jean-Jacques
  Le Bien des autres -1, Lévis, Alire, 2003.
  Le Bien des autres -2, Lévis, Alire, 2004.

SCHMID, David
  « Imagining Safe Urban Space: the Contribution of Detective Fiction to Radical Geography », dans *Antipode*, vol. 27 n° 3, 1995, p. 242-269.

SPEHNER, Norbert
  Le Roman policier en Amérique française, Beauport, Alire, 2000.

TREVANIAN
  Le Flic de Montréal, Paris, Robert Laffont, 1976.

TUAN, Yi-Fu
  « The Landscape of Sherlock Holmes », dans *Journal of Geography*, vol. 84, 1985, p. 56-60.

VACHON, Marc
  L'Arpenteur de la ville, Montréal, Triptyque, 2003.

Première parution : dans Cahiers de Géographie du Québec, *vol. 50 n° 141, décembre 2006.*

109

Pierre-Mathieu Le Bel est né en 1975 et habite Montréal. Il a d'abord fait de la géologie avant de passer aux sciences humaines. Il travaille à une thèse de géographie culturelle sur la métropolisation dans le roman qui met Montréal en scène et a publié quelques articles de géographie littéraire. Il s'intéresse également au patrimoine urbain, sujet de son mémoire de maîtrise, et au phénomène de la suburbanisation.

La Ligne de front

DANIEL NAUD

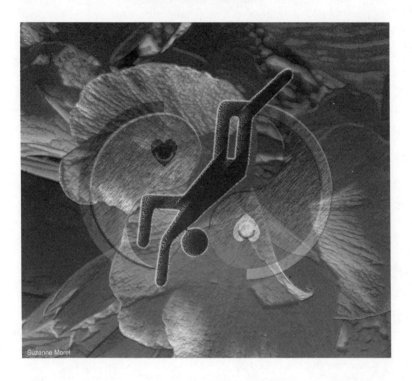

Suzanne Morel

J e crois qu'il existe une ligne de front séparant l'éternel combat
que se livrent le bien et le mal. Alors que l'on retrouve d'un
côté l'espoir, l'amour, la ténacité ainsi que moult autres vertus, à
l'opposé de cette ligne règnent la douleur, le mal de l'âme, le désespoir
et la misère humaine, pour ne nommer que ceux-là. Un personnage
tout de noir vêtu, bien connu depuis la nuit des temps, déambule
sans souci le long du « no man's land » de cette guerre sans fin. En
effet, la mort, cette Faucheuse insatiable, récolte sa moisson quotidienne. Les conséquences de ce combat sont visibles à tout instant
autour de nous lorsque nous percevons la souffrance, les suicides,
le désespoir et la mort.

Je fais partie de ceux qui côtoient la mort. Je poinçonne tous les
matins à l'entrée de ce « no man's land », regardant le mal en face et

parcourant la ligne de front jusqu'à la fin de mon quart de travail ;
je suis thanatologue.

Le métier d'embaumeur peut donner lieu à diverses pratiques,
et ce, principalement en fonction de la région où nous travaillons et
de la taille de l'entreprise qui nous emploie. Ainsi, les tâches cou-
rantes sont la thanatopraxie, la rencontre avec les familles pour la
planification des obsèques, la direction des funérailles et les inciné-
rations. Il peut s'y ajouter la récupération et le transport de ce que
nous appelons dans le métier les « cas de morgue ». Au Québec, le
transport d'une dépouille mortelle est effectué par une entreprise
détentrice d'un permis de directeur de funérailles. Lorsque le décès
d'une personne est officiellement constaté ailleurs que dans un hôpital, un centre d'hébergement ou de soins palliatifs, ou enfin à
domicile des suites d'une maladie diagnostiquée, nous avons affaire
à ce que l'on appelle un cas de morgue. En fait, les morts suspectes
à domicile, les morts violentes, les cas de suicides, les accidentés de
la route ou du travail et les corps retrouvés dans la nature en font
tous partie. Un aspect essentiel est que le décès doit être constaté
par une autorité médicale ou policière sur place. Un constat de décès
peut être effectué lorsque le corps du défunt présente des signes de
mort évidente. En guise d'information, voici quelques-uns de ces
signes : la décomposition, la décapitation, l'éviscération totale, être
sectionné complètement au niveau du tronc et la carbonisation. Le
Québec est divisé en territoires, chacun couvert par une entreprise
funéraire agissant pour le compte du coroner et assurant le transport
des cas de morgue. Dès qu'un corps est retrouvé dans les circonstances
que j'ai décrites, l'entreprise funéraire (sous ordre du coroner) qui
assure le service est avisée et doit se rendre sur les lieux du drame afin
de procéder à la récupération du défunt et d'en effectuer le transport
vers un centre hospitalier où une autopsie pourra être effectuée.

Dans la pratique de ma profession, je suis témoin de la tristesse,
du désarroi, de la misère des gens et parfois les défunts eux-mêmes
m'offrent des images difficiles à supporter. À plus forte raison, les
cas de morgue représentent à coup sûr des expériences très particulières et, à l'occasion, traumatisantes. Ces dépouilles sont les victimes directes de la guerre entre le bien et le mal. Pénétrer dans la
résidence d'un individu qui s'est enlevé la vie et qui s'y trouve encore revêt une dimension quasi surnaturelle. L'intrusion dans cette
intimité désormais figée en un dernier portrait, une dernière tranche
de vie, donne l'impression d'entrer dans une scène suspendue du
quotidien, une scène sans lendemain. Les souliers empilés dans le
vestibule près de la porte, l'ambiance chaude aux onctions suaves
uniques à chaque demeure. Le cendrier sur la table, le compte de

téléphone coincé entre le bol à fruits à moitié vide et le micro-ondes sur le comptoir, près du grille-pain entouré de ses nombreuses pellicules brunes. La plante verte dans le coin, débordante de vie et contrastant avec l'inertie palpable des lieux. Une odeur. Une odeur presque imperceptible au départ s'insinue petit à petit au rythme de ma progression, odeur accentuée par les derniers relents ferreux de la poudre à canon encore détectable. L'odeur de la mort.

Apparaissent soudain de nouveaux éléments qui projettent une scène superposée à la première ; les enquêteurs. Accomplissant leur travail avec minutie, au nombre de deux ou trois, ils circulent d'une pièce à l'autre, à l'affût du moindre détail révélateur. Parfois vêtus de leur combinaison blanche en papier ou de leur tenue civile, ils scrutent, notent, discutent. Bien qu'il y ait quelques similitudes avec les émissions policières qui inondent nos postes de télévision, la différence majeure tient à la simplicité. Il n'y a pas de grandes manœuvres, d'exubérance ou de flashs lumineux. Ici, c'est tout simplement la réalité, la réalité d'une vie qui s'est arrêtée par un mardi soir de semaine comme les autres.

Je commence habituellement par faire un tour d'horizon afin de détailler la disposition des lieux, l'emplacement de la dépouille, sa corpulence, la facilité d'accès et tout autre détail qui me permettra de déterminer avec le plus d'efficacité possible ma procédure. Les objectifs que je poursuis sont d'agir avec le plus grand respect envers la personne décédée et envers les lieux, d'éviter les blessures et d'éviter les bris matériels. Je ne désire qu'une chose, agir avec professionnalisme et efficacité. Ainsi, mon repérage préliminaire me permettra de vérifier les endroits où ma civière peut ou ne peut pas passer et la position du défunt. J'établis ainsi la marche à suivre avec mon collègue, nous en révisons brièvement les étapes puis nous allons chercher notre matériel. L'équipement se résume à une civière avec planche de transfert et à un coffre contenant gants de latex, linceuls et sacs de plastique, masques, couvre-chaussures, vêtements couvre-tout et le petit pot de « Vicks » servant à se tartiner le dessous du nez dans certaines circonstances. Je tiens à préciser que les équipements et les méthodes utilisés dans les cas de morgue ne sont pas uniformisés au Québec. Les méthodes que je décris dans cet article ne sont que les miennes. Elles peuvent être plus ou moins similaires dans les autres entreprises du Québec.

Notre interaction, à nous les thanatologues, avec les enquêteurs n'est bien entendu pas la même partout à travers le Québec. Quoiqu'elle soit généralement très bonne et cordiale, je dois dire que dans la région où je travaille, sur la Côte-Nord, cette relation est très ouverte et enrichissante. Les policiers que je côtoie dans les cas de morgue sont d'une grande générosité, très aidants, et il est arrivé à quelques reprises que certains me demandent mon opinion au sujet de détails biologiques ou physiques concernant le défunt. Bien sûr, je ne suis pas médecin et je n'en ai pas la prétention, mais j'ai tout de même une certaine expérience et lorsque je peux la mettre à la disposition des enquêteurs, j'en suis très heureux et valorisé.

Donc, quand j'arrive sur les lieux, une brève discussion avec les enquêteurs s'enclenche, durant laquelle je m'informe des circonstances du décès, de ce que je dois m'attendre à voir et de la disposition des lieux. De plus, je demande confirmation que le corps est libéré, c'est-à-dire que le coroner est bien passé pour attester le décès et que les limiers en ont terminé avec lui. Je vérifie également s'il y a des membres de la famille sur place. Car dans ces cas-là, la récupération du corps peut prendre une tournure des plus particulières. Les policiers en profitent pour nous demander nos noms, qu'ils inscrivent avec application dans leur carnet de notes.

Les présentations étant faites, je me dirige vers les lieux du drame et j'effectue mon travail au mieux de mes connaissances et des circonstances. Et les circonstances peuvent être diverses. Au cours de mes nombreuses années de carrière, carrière ayant débuté au Lac-Saint-Jean, ma région d'origine, en passant par mes années d'études à Montréal jusqu'à mon emploi actuel sur la Côte-Nord, j'ai récupéré ou transporté des dépouilles dans les circonstances les plus diverses. J'ai ainsi eu l'occasion de fréquenter la mort et la détresse humaine sous de multiples formes. La ligne de front peut donc se retrouver à divers endroits : dans une automobile, une résidence, une chambre d'hôtel ou même en forêt, très loin en forêt. C'est dans ces circonstances que j'ai vécu une expérience hors du commun, dont voici le récit.

Un jour, je suis appelé à participer à la récupération des restes d'un individu porté disparu depuis près d'un an et qui vient d'être retrouvé à une centaine de kilomètres au nord de la ville où je travaille. Cependant, au nord de ma ville, c'est la forêt boréale profonde. Nous partons donc, mon patron et moi, vers le milieu de l'après-midi afin d'emprunter la route secondaire asphaltée qui nous mènera, environ 85 km plus loin, vers des chemins forestiers de gravier aboutissant au point de rencontre avec la mort. La première partie de l'expédition se déroule bien. Nous sillonnons avec prudence la dangereuse route serpentant entre les montagnes et les escarpements, où les lourds camions chargés de bois débouchent à vive allure des virages serrés. Environ 90 minutes plus tard, nous parvenons à l'intersection qui nous a été signalée par les agents de la Sûreté du Québec. Comme cela a été convenu, un véhicule de patrouille nous attend afin de nous transmettre des informations précises sur la fin de l'itinéraire qui nous conduira aux lieux du drame. Cette intersection nous permet de quitter la route principale et de nous engager sur un chemin forestier formé d'affleurements rocheux, de sable et de gravier. La policière nous donne ses directives : « Vous devez parcourir 15 km. Restez toujours sur le chemin principal, sans vous engager dans les embranchements. Ce sera sur votre gauche, vous verrez le véhicule des enquêteurs. Faites attention, car le chemin est magané et il y a un endroit dans le fond d'une calvette où ça passe tout juste, car la pluie a grugé les bords. » Je suis au volant à ce moment-là et j'entame cette deuxième portion de notre périple avec un peu de nervosité, car il y a quelques facteurs favorisant la hausse du stress. Tout d'abord, 15 km, ça ne semble peut-être pas très long, mais aller-retour ça fait 30 km sur un chemin de gravier cahoteux et même défoncé par endroits. De plus, un fourgon funéraire n'est pas un 4X4. Si nous devons nous enliser ou tomber en panne, à 100 km de la ville la plus proche sur une route secondaire dans le nord du Québec, cela n'aidera en rien la bonne marche de notre mission. Nous nous retrouverons dans un pétrin colossal, d'autant plus qu'il ne reste qu'environ 45 minutes avant que la nuit ne tombe.

115

Au cours de mon avancée sur ce chemin miné, notre fourgon commence à montrer les signes d'un éventuel problème mécanique. En effet, le moteur semble vouloir s'étouffer et la force de la transmission perd dangereusement de la vigueur. Je fais rapidement un constat cauchemardesque en mon for intérieur ; la transmission de ce vieux camion est « sautée ». S'enliser, c'est fâcheux, mais en forçant un peu, il y a moyen de s'en sortir. Par contre, une panne mécanique majeure va clouer le véhicule sur place et seule une remorqueuse pourra l'en déloger. S'ensuit une pléiade de problèmes : qui va ramener le corps que nous sommes venus chercher, le temps d'attente pour les « secours », etc.

Constatant par lui-même les défaillances mécaniques du fourgon, mon collègue et patron m'enjoint de lui donner le volant. Je n'y perçois aucune insulte, après tout le véhicule lui appartient et j'éprouve un sincère soulagement à l'idée de ne pas être assis sur le siège du conducteur au moment où le moteur rendra l'âme. Pendant que mon « boss », dans le but avoué de cerner le problème, pousse SON véhicule aux confins de ses limites mécaniques, faisant rugir moteur et transmission dans une orchestration sonore qui n'annonce rien de bon, de mon côté je commence à élaborer divers scénarios visant à solutionner le merdier qui nous tombe dessus.

Après deux ou trois laborieux kilomètres qui me paraissent une éternité, mon patron stoppe le fourgon et va ouvrir le capot afin de poursuivre son investigation. Je prie le ciel pour qu'un miracle survienne… et il survient. L'embout du conduit de prise d'air du moteur est désengagé. Aussi simple que cela. Nous avons craint une catastrophe alors que le problème n'était que l'asphyxie du moteur de l'« Éconoline ». Nous reprenons la route, n'ayant plus que 7 km à parcourir avant notre rendez-vous avec la mort.

La policière a dit vrai, le véhicule banalisé des enquêteurs de la Sûreté du Québec est stationné dans l'embranchement menant à la scène de crime. Nous roulons jusqu'aux deux policiers qui, à notre vue, sortent de l'automobile. L'un d'eux nous hèle. Il s'agit d'un solide gaillard, très élégant, dont la tenue civile impeccable tranche dans cette nature sauvage. Arrivé à sa hauteur, j'abaisse la vitre de ma portière. Les moustiques, si nombreux en cette heure crépusculaire, virevoltent tout autour de sa tête. Après les salutations d'usage, il nous indique l'endroit où, encore une fois, un drame humain s'est joué. Il nous indique la ligne de front.

Le petit chemin sur lequel nous nous trouvions n'était qu'un leurre. Aussitôt que nous sommes engagés dessus, ce chemin prend fin en s'ouvrant sur une vaste étendue défrichée d'environ 200 mètres sur 300 et bordée sur son pourtour d'épinettes noires. Cette clairière artificielle, relique des activités de coupes forestières remontant à plusieurs années, est parsemée de nombreuses repousses déjà bien hautes. Au début, je ne vois rien, puis mon regard s'arrête sur un objet familier dans un autre contexte mais qui ici, en pleine forêt boréale au nord du nord, est très singulier, particulier. Une automobile est stationnée là, au milieu de nulle part, d'une manière si incongrue qu'il est impossible de ne pas ressentir de la stupéfaction. On perçoit tout de suite l'importance du drame qui a eu lieu. C'est dans ce contexte hors du commun, après deux heures de route, que nous approchons de l'endroit où une vie humaine s'est éteinte.

Lorsque nous avons reçu l'appel initial de la part des policiers nous mandatant pour ce transport, nous avons été avisés qu'il s'agissait d'un individu disparu depuis près d'un an. Tout le long du trajet, je n'ai donc pas pu m'empêcher d'imaginer une panoplie de scénarios possibles quant à l'état de la dépouille. Les facteurs pouvant altérer un corps humain sont multiples, à commencer par la décomposition biologique. Le temps, l'exposition aux intempéries (chaleur, humidité etc.) et l'accessibilité du corps pour les insectes ou les animaux sauvages en sont les principaux. L'importance relative de ces facteurs influencera l'aspect des restes humains. Dans le cas qui nous concerne, nous avons un corps dans une voiture ayant traversé quatre saisons en plein cœur d'une forêt. Difficile de trouver situation plus extrême.

Nous immobilisons notre fourgon funéraire près de la voiture devenue tombeau. À la seconde où je pose le pied sur le sol, les « mouches noires » amorcent leur frénétique ballet autour de mon visage. Lorsque je m'approche pour mon repérage habituel, l'enquêteur me rejoint d'un pas alerte. La petite Ford bleue semble être arrivée la veille. De prime abord, rien n'indique qu'elle s'y trouve depuis plus de 50 semaines. Le premier détail que je remarque est qu'il y a une des vitres arrière qui est fracassée et dont les miettes sont éparpillées sur le sol terreux. Je m'approche de cet orifice afin d'apprivoiser toute odeur ou image-choc risquant de me prendre à revers.

La portière sous la vitre brisée est garnie d'un assortiment d'éraflures donnant à croire que des animaux y ont pris appui afin de se faufiler dans l'habitacle. Je risque un coup d'œil à l'intérieur. Le siège du conducteur est rabattu vers l'arrière et j'y aperçois une veste ainsi qu'un jean simulant une forme humaine. Les sièges sont maculés de taches douteuses aux coloris foncés. Dans la voiture règne une légère odeur de putréfaction rehaussée de relents d'animaux. Une multitude d'informations se bousculent dans ma tête, certaines étant en contradiction avec ce que je croyais connaître. Je fais le tour du véhicule et j'ouvre la portière du conducteur. Ce qui reste du corps de la victime se trouve sur le siège. Je demeure stupéfait en constatant que je ne vois rien. En fait, il y a un jean, duquel je vois émerger à la taille le bassin sur lequel est fixé le tronc des vertèbres lombaires. Toute la partie supérieure du corps a disparu. La cage thoracique, les bras et la tête ne sont plus là. Je scrute l'intérieur du véhicule, qui est constellé de petits fragments d'os. Il y en a un peu partout, formant de petits tas. Au pied du siège du passager, je remarque d'autres éclats d'os avec en prime de petits tas de matière brun-noir… Je réalise qu'il s'agit d'un amoncellement d'excréments d'animaux. Mon regard se tourne vers les pieds de la victime. Ma surprise est totale ! Le crâne est là, roulé sur le côté, me fixant de ses orbites vides et me gratifiant de son large rictus.

Ma formation scolaire m'a permis d'acquérir des outils utiles pour me préparer à ce genre de scène morbide. En plus de mon DEC en thanatologie, je cumule environ 60 crédits universitaires en biologie générale. Mes connaissances en biologie humaine et animale sont donc plutôt étendues. Dans cette voiture abandonnée je me retrouve face à une mine d'informations mettant au défi le biologiste qui sommeille en moi. Je suis conscient que mon travail ne consiste qu'à récupérer et à transporter la dépouille mortelle ; cependant, vais-je résister à la tentation de « jouer au détective » afin de mieux comprendre ce qui s'est passé ? Eh bien non, je m'en confesse. Lorsque l'occasion se présente, j'adore discuter avec les policiers afin de décortiquer la situation, de signaler certains détails et de poser des questions.

Je laisse donc libre cours à mon imagination afin d'essayer de formuler les hypothèses les plus plausibles pour expliquer ce qui a bien pu se passer dans cette voiture au cours de la dernière année. Il est clair qu'un petit animal de la grosseur d'un raton laveur y a élu domicile. À n'en pas douter, un ours a fracassé la vitre arrière et une multitude d'autres carnivores ont successivement dévoré le cadavre de cette pauvre victime.

Me concentrant sur ma tâche première, je dispose les restes dans un linceul de plastique sur notre civière. Après que j'ai placé le crâne, l'enquêteur me demande de l'examiner avec lui afin d'y détecter toute trace anormale ou de violence. Alors que je fais pivoter la tête décharnée en tous sens, le policier m'arrête dans mon inspection. Il me désigne deux petits trous de chaque côté à l'arrière du crâne.

118

— C'est quoi, ça ? C'est-tu normal ? me demande-t-il.

— Ce sont des foramens.

— Des quoi ?

— Des foramens. Ce sont de petits orifices qui permettent le passage de vaisseaux sanguins irriguant le cerveau.

Maintenant que l'ouverture est faite, il ne m'en faut pas plus pour l'entraîner dans le véhicule et discuter avec lui des circonstances de l'événement. Je me permets d'étaler mes suppositions quant aux comportements présumés des animaux. Nous entamons une petite discussion en échafaudant diverses hypothèses visant à établir le cours des événements tout au long de la dernière année. L'ouverture d'esprit et la générosité de ce policier me procurent un immense plaisir et me permettent de mettre au profit de cette enquête mes idées et connaissances. Je peux ainsi vivre une expérience unique, intense et extraordinaire.

Le retour se déroule sans encombre jusqu'à l'hôpital où nous devons apporter le corps pour des fins d'expertise avant qu'il ne soit acheminé à l'édifice Wilfrid-Derome à Montréal, où les pathologistes judiciaires procéderont à une identification formelle.

❖

Ce récit de la fin tragique d'une vie en est un parmi des milliers d'autres. Chaque fois que je travaille sur un cas de morgue, j'en ai pour un certain temps à y réfléchir et à ressasser ces images. J'essaie de comprendre, de m'imaginer ce qui s'est passé. Les drames qui se jouent en solitaire, sans témoins, dégagent à mon sens une aura remplie de mystère. L'inconnu, le fait que personne ne puisse rapporter les détails de cette fin de vie laissent tant de questions sans réponses, d'émotions inexprimées. Quels furent les dernières pensées du défunt, les derniers instants de cette vie qui s'est éteinte ? Peu importe le métier que l'on pratique, on peut tous être témoin des conséquences de la tragédie humaine. Cette histoire est un épisode du quotidien d'un thanatologue œuvrant sur la ligne de front.

Daniel Naud est né à Saint-Félicien en 1971. Son cheminement scolaire l'a mené vers les sciences humaines, la biologie et la psychologie, avec en chemin un DEC en thanatologie au collège de Rosemont. Il complète actuellement un certificat en psychologie. Il réside, avec sa femme et ses deux jeunes enfants, à la Pointe-aux-Outardes, près de Baie-Comeau, dans une jolie maison sur le bord du fleuve.

Le Crime en vitrine

NORBERT SPEHNER

En raison de sa périodicité trimestrielle, de sa formule et de son nombre restreint de collaborateurs, la revue *Alibis* ne peut couvrir l'ensemble de la production de romans policiers, soit plusieurs dizaines de titres tous les mois. Cette rubrique propose donc de présenter un certain nombre de livres disponibles en librairie au moment de la parution du numéro. Il ne s'agit pas ici de recensions critiques, mais strictement d'informations basées sur les communiqués de presse ou les 4es de couverture des volumes. Enfin, il est utile de préciser que ne sont pas présentés ici les livres dont nous traitons dans nos articles et rubriques critiques du présent numéro.

ARCHER, Jeffrey
Seul contre tous
Paris, First (Thriller), 2009, 572 pages.
Éd. or.: *A Prisoner of Birth*, 2008.

Le scénario du livre vous semblera familier puisque ce roman n'est rien de moins qu'une version moderne, revue et « archerisée » du *Comte de Monte-Cristo* du très défunt Alexandre Dumas.

BALDACCI, David
Un simple génie
Neuilly-sur-Seine, Michel Lafon, 2009, 418 pages.
Éd. or.: *Simple Genius*, 2007.

Un espion free-lance est embauché par une entreprise spécialisée dans le cryptage de données afin d'enquêter sur la mort suspecte d'un chercheur.

BECKETT, Simon
Poussière d'os
Paris, Calmann-Lévy, 2009, 332 pages.
Éd. or.: *Written in Bone*, 2007.

Sur une petite île des Hébrides, coupée du monde extérieur par une tempête, David Hunter, anthropologue médico-légal, enquête sur un cas de meurtre bizarre.

BERRY, Steve
La Conspiration du temple
Paris, Le Cherche midi, 2009, 566 pages.
Éd. or.: *The Venetian Betrayal*, 2008.

Une nouvelle aventure de Cotton Malone aux prises, une fois de plus, avec une organisation secrète qui organise en silence un complot terrifiant. Mais dans quel monde constamment menacé vivons-nous ?

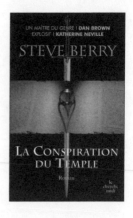

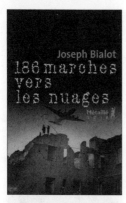

BIALOT, Joseph
186 marches vers les nuages
Paris, Métailié, 2009, 172 pages.

Recruté par un officier américain pour retrouver un capitaine
SS, Bert Waldeck se rend compte qu'il est manipulé par les
Ricains.

BLOCK, Lawrence
Heureux au jeu
Paris, Seuil (Policiers), 2009, 190 pages.
Éd. or.: *Lucky at Cards*, 1964.

Un flambeur, spécialiste des arnaques minables, une pépé
ravageuse aussi belle qu'avide de fric, un mari gênant: tous
les ingrédients du roman noir classique.

BOLTON, Sharon
Sacrifice
Paris, Fleuve Noir (Thriller), 2009, 474 pages.
Éd. or.: idem, 2008.

Un premier thriller pour la Britannique Sharon Bolton dont
l'histoire, qui se passe sur une île sauvage des Shetlands, est
inspirée par une ancienne légende inquiétante.

BOSSI, Luc
Manhattan Freud
Paris, Albin Michel, 2009, 368 pages.

Lors de son voyage à New York en 1909, Sigmund Freud
doit déchiffrer l'âme d'un mystérieux tueur en série et réussir
là où la police a échoué.

BOURLAND, Fabrice
La Dernière Enquête du chevalier Dupin
Paris, 10/18 (Grands détectives), 2009, 116 pages.

Le célèbre détective enquête sur la mort ni très poétique ni
très catholique de Gérard de Nerval, retrouvé pendu aux bar-
reaux d'une grille.

BRUSSOLO, Serge
L'Héritier des abîmes
Paris, Plon (Thriller), 2009, 332 pages.

Une autre histoire de complot planétaire avec cette fois les
adeptes d'un écrivain à succès qui cherchent les clefs du
futur dans des messages cryptés trouvés entre les lignes de
romans, messages rédigés par le dernier survivant de
l'Atlantide !

BUCHANAN, Edna
Le Sommeil des innocents
Paris, Payot (Suspense), 2009, 320 pages.
Éd. or.: *Shadows*, 2005.

La brigade du lieutenant Riley planche sur une vieille affaire
jamais résolue (un jeune politicien assassiné) alors que l'inspecteur Sam Stone reprend l'enquête sur le meurtre de ses
parents, abattus en 1972.

CAIN, Chelsea
L'Étreinte du mal
Paris, Fleuve Noir, 2009, 332 pages.
Éd. or.: *Sweetheart*, 2008.

Suite de la relation malsaine qui unit l'inspecteur Archie
Sheridan à la redoutable tueuse en série Gretchen Lowell,
relation mal entamée dans *Au cœur du mal*.

CHILD, Lee
Sans douceur excessive
Paris, Seuil (Thrillers), 2009, 448 pages.
Éd. or.: *The Hard Way*, 2006.

Jack Reacher est engagé par Edward Lane pour retrouver sa femme et sa belle-fille. Mais Reacher se rend compte que les dés sont pipés. Il ira jusqu'au bout, même au risque de sa vie.

CLARK, Carol Higgins
Zapping
Paris, Albin Michel, 2009, 286 pages.
Éd. or.: *Zapped*, 2008.

Une autre enquête de Reagan Reilly qui a ceci de particulier: elle se déroule à New York pendant le grand black-out de 2003.

COBEN, Harlan
Sans un mot
Paris, Belfond (Belfond noir), 2009, 412 pages.
Éd. or.: *Hold Tight*, 2008.

Internet, portables, *tchats*, messageries instantanées et ados fragiles sont les ingrédients de ce thriller harlancobenesque riche en suspense. Un de ses meilleurs!

COLE, Martina
Jolie Poupée
Paris, Fayard, 2009, 468 pages.
Éd. or.: *The Know*, 2003.

Une enfant disparaît dans une cité populaire de l'East End de Londres. Un roman qui décrit l'horreur et la cruauté de la maltraitance sur fond de cités en béton déshumanisées. Grisâtre!

CONNOLLY, John
Les Anges de la nuit
Paris, Presses de la Cité (Sang d'encre), 2009, 348 pages.
Éd. or.: *The Reapers*, 2008.

Louis, l'ami du détective Parker, est la cible des Faucheurs, l'élite des tueurs. Charlie va tenter de le sauver. Connolly écrit des thrillers très noirs avec une touche subtile et terrifiante de fantastique.

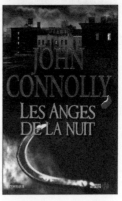

CORDY, Michael
La Source
Paris, Le Cherche midi, 2009, 512 pages.
Éd. or.: *The Source*, 2008.

Ah, voilà qui est original! Un texte codé, un manuscrit écrit dans une langue cryptée qui dévoilerait un secret menaçant les fondements de l'Église. Des promesses, des promesses…

CORNWELL, Patricia
Scarpetta
Montréal, Flammarion Québec, 2009, 504 pages.
Éd. or.: idem, 2008.

Kay Scarpetta accepte une mission à New York où elle s'intéresse au cas étrange d'un professeur atteint de nanisme et retrouvé blessé aux côtés du cadavre torturé de sa maîtresse. Vingtième roman de la série.

CUSSLER, Clive & Dirk
Le Trésor de Khan
Paris, Grasset (Thriller), 2009, 478 pages.
Éd. or.: *Treasure of Kahn*, 2006.

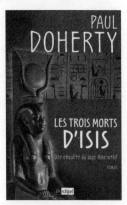

Dirk Pitt se mesure à un descendant de Gengis Khan, détenteur d'un secret qui lui permettra peut-être de rétablir la gloire de son aïeul. L'aventure le mène aussi sur les traces d'un trésor fantastique.

DELTEIL, Gérard
(R) *L'Inondation*
Paris, L'Archipel (Archipoche), 2009, 468 pages.

La devise de Paris est « Fluctuat nec mergitur » (Elle flotte mais ne coule pas). Mais d'après Delteil, ça va changer et les eaux vont monter, avec les conséquences chaotiques que l'on imagine. Paru originalement sous le titre *2011*.

DOA
Le Serpent aux mille coupures
Paris, Gallimard (Série Noire), 2009, 218 pages.

La quatrième de couverture ressemble à un extrait du Petit Larousse et, comme le dit Larousse, ne nous apprend rien !

DOHERTY, Paul
Les Trois morts d'Isis
Paris, L'Archipel, 2009, 324 pages.
Éd. or.: *The Assassins of Isis*, 2004.

Dans cette cinquième enquête du juge Amerotkê, le magistrat doit empêcher un complot qui vise à renverser le Pharaon. Polar historique.

EGLIN, Anthony
Le Nénuphar hybride
Paris, De Fallois, 2009, 216 pages.
Éd. or.: *The Water Lily Cross*, 2007.

Des aventures troublantes autour d'un nénuphar géant capable de dessaler l'eau de mer et pour lequel des gens sont prêts à tuer. Un polar botanique ! On aura tout vu…

EMLEY, Dianne
À vif
Paris, Belfond (Belfond noir), 2009, 396 pages.
Éd. or.: *Cut to the Quick*, 2008.

La détective Nan Vining, l'héroïne de *Un écho dans la nuit*, revient dans cette course-poursuite entre la femme flic aux abois et le méchant *serial killer* tapi dans l'ombre. On en frémit…

FÉREY, Caryl & Sophie COURONNE
D'amour et dope fraîche
Paris, Baleine (Le Poulpe 258), 2009, 167 pages.

Parti en cure, Gabriel Lecouvreur est témoin de la mort étrange d'un athlète noir alors que Cheryl est victime de la drogue du violeur.

123

FORBES, Elena
Meurs avec moi
Paris, Payot (Suspense), 2009, 362 pages.

À Londres, l'inspecteur Mark Tartaglia et sa coéquipière Sam Donovan traquent un tueur en série qui opère sur Internet.

FROST, Scott
La Trace du caméléon
Paris, City, 2009, 475 pages.
Éd. or.: *Run the Risk*, 2007.

Alex Delillo, dont la fille a été kidnappée, est sur les traces d'un psychopathe qui utilise des explosifs comme arme à Los Angeles.

GÉRARD, Yan
676
Paris, Léo Scheer (Thriller), 2009, 404 pages.

« La quête des nombres noirs nous emporte à travers les siècles sur les traces d'une conspiration mêlant sociétés secrètes, prophéties et kabbale ».

GIACOMETTI, Éric & Karim NEDJARI
Tu ne marcheras jamais seul
Neuilly-sur-Seine, Michel Lafon, 2009, 302 pages.

Alexis Santangelo, un grand reporter, et Ève Delesterre, envoyée par un cabinet économique, mettent à jour une manipulation terrifiante dans le monde du foot où les joueurs les plus célèbres sont assassinés en série.

GRUBER, Michel
La Nuit du jaguar
Paris, Presses de la Cité, 2009, 442 pages.
Éd. or.: *Night of the Jaguar*, 2006.

L'inspecteur Jimmy Paz enquête sur les meurtres sauvages d'influents hommes d'affaires d'origine cubaine. Leur mort atroce ressemble à une attaque de félin monstrueux.

HALTER, Paul
Le Testament de Silas Lydecker
Paris, Du Nouveau Monde, 2009, 317 pages.

Polar historique dont l'action se passe à Londres en 1926, avec un meurtre en chambre close comme il se doit avec Paul Halter.

HIGGINS, Jack
Contre attaque
Paris, Albin Michel, 2009, 480 pages.
Éd. or.: *The Killing Ground*, 2007.

Le terrorisme moderne n'a qu'un but: dominer la planète. L'heure est venue de contre-attaquer. C'est ce que va faire l'agent Sean Dillon qui, comme les scouts, est toujours prêt!

HOAG, Tami
Contre toute évidence
Paris, L'Archipel (Suspense), 2009, 400 pages.
Éd. or.: *Prior Bad Acts*, 2006.

Sam Kovac et sa partenaire Nikki Liska sont chargés de protéger une juge qui a été agressée. C'est le moment que choisit Karl Dahl, un marginal soupçonné de plusieurs crimes d'une sauvagerie inouïe, pour prendre la clé des champs.

HOAG, Tami
(R) *Meurtre au porteur*
Paris, L'Archipel (Archipoche), 2009, 400 pages.

HOSSAN, Éric
La Confrérie de la mort
Gémenos, Autres temps, 2008, 235 pages.

À New York, le profileur Federico Boneblood traque un tueur en série qui s'en prend aux membres d'une société secrète, la « Confrérie de la mort ».

INDRIDASON, Arnaldur
Hiver arctique
Paris, Métailié (Noir), 2009, 336 pages.
Éd. or.: *Vetrarborgin*, 2005.

Dans ce roman qui a reçu La Clé de verre du roman noir scandinave, le commissaire Erlendur enquête sur la mort

d'un gamin de douze ans originaire de Thaïlande. Plus gris que les précédents. Erlendur vieillit mal...

KARP, Marshall
Cartoon
Paris, Le Cherche midi, 2009, 546 pages.
Éd. or.: *The Rabbit Factory*, 2006.
« Avec ce roman hors norme, Marshall Karp renouvelle le genre en mêlant à une intrigue démentielle une formidable critique sociale, avec un humour et une humanité rares. » Recommandé, même si ça n'est pas aussi hilarant que promis.

KLEIN, Matthew
Retour de rêve
Paris, Seuil (Thrillers), 2009, 344 pages.
Éd. or.: *Switchback*, 2006.
Quand sa jeune et jolie secrétaire Tricia revient en prétendant être Katherine, son épouse suicidée, Timothy Van Bender se demande s'il aurait droit à une deuxième chance ou s'il n'est pas en train de se faire rouler. Ben tiens...

LECAYE, Alexis
Dame de carreau
Paris, Le Masque, 2009, 304 pages.
Le commissaire Martin enquête sur la disparition de six femmes blondes, jolies et diplômées, alors que sa vie personnelle part en vrille.

LEON, Donna
Requiem pour une cité de verre
Paris, Calmann-Lévy, 2009, 284 pages.
Éd. or.: *Through a Glass, Darkly*, 2006.
Le commissaire Brunetti enquête sur le meurtre d'un gardien de verrerie de Murano. Il en savait peut-être trop sur les problèmes de pollution causés par certaines usines locales.

LE ROY, Philippe
Evana 4
Vauvert, Au diable Vauvert, 2009, 410 pages.
Une femme cherche à se venger d'Arbacan le cinéaste. Pour la démasquer, il réunit ses anciennes égéries dans sa somptueuse propriété. Qui sera le prédateur ? Qui sera la proie ? Un hommage à Agatha Christie et à Joseph Mankiewicz.

LEONARD, Elmore
Hitler's Day
Paris, Rivages (Thriller), 2009, 334 pages.
Éd. or.: *Up in Honey's Room*, 2007.
Carl Webster (le Kid de l'Oklahoma) fait la chasse aux nazis, dont un certain commandant SS Otto Penzler ! (Otto Penzler est un libraire/éditeur/critique de polars de New York.)

125

LUDLUM, Robert
(avec James COBB dans le rôle du nègre-médium)
Le Danger arctique
Paris, Grasset (Thriller), 2009, 440 pages.
Éd. or.: *The Arctic Event*, 2007.
Un avion s'écrase dans le Grand Nord canadien avec à son bord deux tonnes d'anthrax militarisé. Une mission pour le Réseau Bouclier...

MARIGNAC, Thierry
Renegade Boxing Club
Paris, Gallimard (Série noire), 2009, 214 pages.
À New York, Dessaignes, un employé de la Croix Rouge,
atterrit dans le ghetto noir et suit l'ascension des boxeurs
entraînés par un caïd de quartier.

MELTZER, Brad
Mort avec retour
Paris, XO, 2009, 442 pages.
Éd. or.: **The Book of Fate**, 2006.
Wes Holloway doit protéger le président des États-Unis dont
la vie est menacée par son meilleur ami, supposé mort dans
un attentat depuis huit ans, mais apparemment toujours bien
vivant!

MOORE, Susanna
Adieu, ma grande
Paris, L'Olivier, 2009, 236 pages.
Éd. or.: **The Big Girls**, 2007.
« Récit à quatre voix, ce roman est un livre sur la violence, celle
qui ravage les familles ou impose sa loi dans les prisons. »

NEWMAN, Ruth
Les Visages du mal
Paris, First (Thriller), 2009, 328 pages.
Éd or.: **Twisted Wing**, 2008.
Un tueur en série à Cambridge? Diantre! On avait bien besoin
de ça en pleine période d'examen. Mais le psychiatre Matthew
Denison veille au grain...

PAGAN, Hugues
Diamant 13 (L'Étage des morts)
Paris, Albin Michel, 2009, 282 pages.
Publié en 1990, le roman de Hughes Pagan a été adapté au
cinéma par Gilles Béat avec un nouveau titre. Il raconte la
lente descente aux enfers d'un flic dans une société dominée
par le fric et la corruption de ses collègues.

PATTERSON, James
On t'aura prévenue
Paris, L'Archipel, 2009, 322 pages.
Éd. or.: **You've Been Warned**, 2007.
Kristin est en danger. Deux hommes, dont son propre père,
l'ont mise en garde. Mais contre qui? Contre quoi? Et voici
que les clichés qu'elle développe sont différents de la réalité.
Et elle rêve de quatre cadavres...Étrange!

PHILLIPS, Arthur
Angelica
Paris, Le Cherche midi, 2009, 428 pages.
Éd. or.: idem, 2007.
Selon USA Today « La conspiration est d'une telle intelligence
que ce roman à énigme, véritable labyrinthe psychologique a
vite fait de vous obséder ».

PRESTON, Douglas
Credo: le dernier secret
Paris, L'Archipel, 2009, 474 pages.
Éd. or.: **Blasphemy**, 2007.
Thriller scientifique: au cœur de l'Arizona, en plein territoire
navajo, un accélérateur de particules superpuissant s'emballe

et devient autonome. Wyman Ford, un ex-agent de la CIA, est
dépêché sur place pour éviter le chaos.

QUEFFÉLEC, Yann
La Puissance des corps
Paris, Fayard, 2009, 272 pages.

Après l'enlèvement de Popeye, un gamin de neuf ans, le colonel
Rémus, son responsable légal, découvre qu'il est un homme
seul et bien fragile en dépit des apparences. Il engage Onyx,
une rusée renarde qu'il a bien connue.

READING, Mario
Les Prophéties perdues de Nostradamus
Paris, First (Thriller), 2009, 464 pages.
Éd. or.: *The Nostradamus Prophecies*, 2009.

Les ingrédients de ce « Da Vinci clone » : les prophéties perdues
de Nostradamus, une société secrète maléfique, un complot,
une poursuite et une menace sur notre pauvre monde qui n'en
finit plus d'être menacé. Vraiment original !

REICH, Christopher
(R) *Course contre la mort*
Paris, L'Archipel (Archipoche), 2009, 572 pages.
Éd. or.: *The Runner*, 2000.

Thriller historique : en juillet 1945, un membre du Tribunal
militaire international se lance sur les traces d'un officier SS
qui s'est juré de saboter la conférence de paix projetée par les
Alliés.

ROCHAT, Florian
Cougar corridor
Paris, Le Passage, 2009, 233 pages.

Polar vert dont l'action se passe au Montana où un écologiste
français veut éviter les interactions entre couguars et humains.
Mais son projet de corridor heurte les intérêts d'un promoteur
immobilier.

ROLLINS, James
La Bible de Darwin
Paris, Fleuve Noir, 2009, 504 pages.
Éd. or.: *Black Order*, 2006.

Au menu de ce thriller scientifico-ésotérique : des recherches
nazies ultra-secrètes, des moines tibétains décimés par un mal
inconnu, une bible ayant appartenu à Darwin (elle contient
un secret !) et une intrigue qui évolue.

RULE, Anne
Une vengeance au goût amer
Neuilly-sur-Seine, Michel Lafon, 2009, 394 pages.

Un docu-drame d'Ann Rule qui romance des faits réels : ici,
quelqu'un s'acharne sur un couple en apparence sans histoire, allant jusqu'à tuer ses enfants.

127

SALAMÉ, Barouk
Le Testament syriaque
Paris, Rivages (Thriller), 2009, 524 pages.

« Un thriller polyphonique avant tout consacré à la culture
arabe » : un codex indéchiffrable est l'objet de bien des
convoitises et les morts s'accumulent.

SCOTT, Manda
La Prophétie de cristal
Paris, Lattès, 2009, 398 pages.
Éd. or.: *The Crystal Skull*, 2008.

Les ingrédients de ce « Da Vinci clone » : Nostradamus, un crâne de cristal maya, un secret ou deux bien gardés, une conspiration, des vilains, et la fin du monde appréhendée, *of course*. De plus en plus original !

SECRET, Anne
Les Villas rouges
Paris, Seuil (Roman noir), 2009, 190 pages.

Ce roman est décrit comme étant la « narration fidèle d'une errance », celle de Kyra, complice dans l'évasion d'un activiste allemand et qui a plongé dans la clandestinité et la cavale.

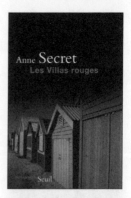

SIERRA, Javier
La Dame en bleu
Paris, Plon, 2009, 366 pages.
Éd. or.: *La dama azul*, 2005.

Au menu de cet inclassable : une ex-agente de la CIA qui fait des rêves étranges, un journaliste espagnol féru d'occultisme, la Dame en bleu, une machine qui défie les lois du temps, les phénomènes de bilocation et probablement une conspiration !

SOLARES, Martin
Les Minutes noires
Paris, Bourgois, 468 pages.
Éd. or.: **Los minutos negros**, 2006.

Roman mexicain noir, mâtiné de fantastique : Ramon Cabrera enquête sur la mort d'un journaliste et se heurte à la corruption policière dans une petite ville du Mexique.

THEORIN, Johan
L'Heure trouble
Paris, Albin Michel, 2009, 432 pages.
Éd. or.: *Skumtimmen*, 2007.

Le petit dernier de la filière scandinave, le suédois Theorin, nous raconte une histoire de disparition sur une petite île de la Baltique noyée dans le brouillard.

THOR, Brad
Les Lions de Lucerne
Paris, Gutenberg, 2009, 374 pages.
Éd. or.: *The Lions of Lucern*, 2002.

Espionnage et politique-fiction : Scott Harvath veut retrouver le président des États-Unis qui a été kidnappé. Mais les commanditaires du complot sont bien décidés à le neutraliser.

TINTORI, Karen & Jill GREGORY
Illumination
Neuilly-sur-Seine, Michel Lafon, 2009, 324 pages.
Éd. or.: *The Illumination*, 2008.

Les ingrédients de ce « Da Vinci clone » : une historienne des religions, un pendentif mystérieux vieux comme le monde et symbole de protection, l'œil d'Horus, des gens mal intentionnés, une traque. Une conspiration en prime ?

TRISTANTE, Jeronimo
Le Mystère de la Maison Aranda
Paris, Phébus, 2009, 366 pages.
Éd. or.: *El misterio de la casa Aranda*, 2007.

Premier volet des enquêtes du détective Victor Ros, à Madrid en 1877. Il doit résoudre l'énigme de la Maison Aranda que l'on dit hantée et où trois meurtres ont été commis.

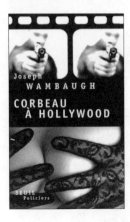

TUROW, Scott
L'Angoisse du juge
Paris, Lattès, 2009, 330 pages.
Éd. or.: *Limitations*, 2006.

Dans une affaire de viol particulièrement odieuse, un juge est confronté à une décision délicate alors qu'un internaute anonyme le harcèle avec d'étranges messages.

WAMBAUGH, Joseph
Corbeau à Hollywood
Paris, Seuil (Policiers), 2009, 396 pages.
Éd. or.: *Hollywood Crows*, 2008.

Nate Weiss, qui a intégré l'équipe du « Corbeau », est aux prises avec une affaire tordue qui concerne les propriétaires d'un bar de danseuses nues. Il ne sait plus à quel sein se vouer !

WESTLAKE, Donald
(R) *Bonne Conduite*
Paris, Rivages (Rivages/Noir), 2009, 358 pages.
Éd. or.: *Good Behavior*, 1968.

Réédition d'un « classique » de Westlake : Dortmunder est dans un couvent et sœur Anne n'a rien vu venir !

WILLIAMS, Charles
Le Roi du macadam
Paris, Gallimard (Série noire), 2009, 322 pages.
Éd. or.: *King of the Road*, 2006.

Alerte à Magel ! On a relâché Royston Blake après quatre ans passés chez les dingues. Ça va saigner…

DANS LA MIRE

de

Michel-Olivier Gasse,
Martine Latulippe, Simon Roy,
Norbert Spehner

La saga de Bernie Gunther (Philip Kerr) : un chef-d'œuvre !

Avant d'entrer dans le vif du sujet de cette série magnifique qui sera sans doute ma grande découverte de 2009, rappelons quelques dates, pour bien mettre les choses en perspective. En 1989, Philip Kerr publie *March Violets*, premier volet de la « Trilogie berlinoise » mettant en scène le privé allemand Bernard « Bernie » Gunther. Suivront, en 1990, *A Pale Criminal* et en 1991, *A German Requiem*. Ces romans seront traduits au Masque : *L'Été de cristal*, en 1993, *La Pâle Figure*, en 1994, et *Un requiem allemand*, en 1995. À ce moment-là, je passe à côté de la série pourtant vantée par tous ceux qui l'ont lue. En 2006, Kerr publie un quatrième épisode intitulé *The One from the Other* qui fait suite aux trois épisodes précédents. Puis en 2008, *A Quiet Flame* transforme le tout en pentalogie en attendant le sixième, prévu pour

septembre et intitulé *If the Dead Rise Not*. Si j'ai finalement « découvert » cette série fascinante, c'est parce que les éditions du Masque ont eu l'excellente idée de rééditer la trilogie originale en un seul volume (grand format) à peu près en même temps qu'ils sortaient le quatrième baptisé *La Mort, entre autres*. Quelle découverte ! Quel choc ! La formule est peut-être trop épicée mais à côté des (més)aventures de Bernie Gunther en pays nazi, les tribulations des personnages de *Millenium* (Stieg Larsson) ressemblent à du fast-food pour midinettes. Je n'entrerai pas dans le détail des intrigues qui, si on les met bout à bout, forment une véritable saga. En voici un bref aperçu.

Berlin, 1936. Les nazis d'Adolf Hitler sont au pouvoir. Après dix ans passés dans la Kripo (police criminelle), Bernie Gunther est devenu détective privé. Il est engagé par Hermann Six, un riche industriel, dont la fille et le gendre ont été assassinés dans leur maison incendiée. Des bijoux de grande valeur et différents papiers compromettants ont été dérobés. Six voudrait identifier le meurtrier et récupérer les biens volés. C'est ainsi que débute *L'Été de cristal*. Après avoir éclairci cette épineuse affaire du couple assassiné, Gunther réapparaît deux ans plus tard dans *La Pâle Figure*, alors que la menace de guerre se précise en Europe. Il est convoqué par le sinistre et tout-puissant Heydrich (un rival de Heinrich Himmler, chef de la Gestapo) qui lui fait une offre qu'il ne peut refuser : réintégrer les rangs de la police, avec le titre de commissaire pour traquer un tueur en série qui exécute de jeunes Allemandes selon un rituel typique qui désignerait un coupable juif. Fin limier, Gunther ne se laisse pas abuser par les apparences et découvre un complot encore plus sinistre. *Un Requiem allemand* se déroule en 1947. La guerre est terminée, Berlin est en ruine. La ville est occupée par les Alliés et la chasse aux criminels de guerre bat son plein. Redevenu détective privé, Gunther se voit offrir cinq mille dollars pour venir en aide à Becker, un ancien collègue qui est accusé d'avoir assassiné un capitaine américain. Malgré des preuves flagrantes, il clame son innocence.

La Mort, entre autres est la suite chronologique des récits précédents. L'action se transpose en 1949, alors que Gunther traverse une passe difficile : sa femme se meurt et son passé de SS est en train de le rattraper. Quand une cliente affriolante lui demande de retrouver son mari, un nazi en fuite, il ignore qu'une fois de plus sa vie va basculer dans le cauchemar. À cause de sa ressemblance physique singulière avec un médecin qui pratiquait des expériences monstrueuses dans les camps, il est plongé au cœur d'un complot machiavélique, avec comme seules portes de sortie une exécution sommaire ou l'exil en Amérique du Sud.

Dans *A Quiet Flame*, Gunther a dû fuir l'Allemagne et nous le retrouvons en Argentine où il côtoie la pire racaille du Reich, les Eichmann, Mengele et autres tueurs du régime. Et, à ses risques et périls, il va découvrir qu'il n'y a pas qu'en Allemagne que des fanatiques ont décidé d'appliquer la solution finale. Ce volet de ses aventures où l'on croise Juan et Evita Peron est de loin le plus périlleux, celui où Gunther, qui a pourtant connu les camps de concentration, la campagne de Russie sous l'infâme uniforme des SS et d'autres atrocités, subit les pires épreuves.

En plus d'êtres des polars de première classe, avec un détective chandlérien (flegmatique, grand sens de l'humour, cynique jusqu'au bout des ongles, fin psychologue et bagarreur impénitent), ces romans nous donnent une magistrale et passionnante leçon d'histoire. Kerr est solidement documenté et les épisodes parfois peu connus qu'il évoque ont tous un lien avec **131** l'Histoire réelle de l'Allemagne un peu avant la guerre, pendant le conflit et dans les années terribles qui ont suivi : occupation, famine, division du territoire, chasse aux criminels de guerre et début de la guerre froide. Plus d'une fois, ces polars flirtent aussi avec le roman d'espionnage. Je les classe d'emblée dans mes *Top Ten* tous genres confondus à côté de *La Compagnie*, de Robert Littell, *Tokyo*, de Mo Hayder, *Sept contre*

Thèbes, de Stephen Hunter, et autres œuvres bouleversantes du même genre. Du grand art, vraiment ! **(NS)**

La Trilogie berlinoise
Philip Kerr
Paris, Le Masque, 2008, 836 pages.

La Mort, entre autres
Paris, Le Masque, 2009, 406 pages.

A Quiet Flame
New York, Putnam, 2008, 390 pages.

❖

Matière grise et matière à réflexion

Un nouveau Henning Mankell qui arrive, c'est toujours une bonne nouvelle ! Même quand Mankell nous emmène hors de l'univers plus familier de Wallander... C'est le cas dans *Le Cerveau de Kennedy*. D'abord, on découvre le quotidien tranquille de Louise Cantor, une archéologue de 54 ans, heureuse à l'idée d'aller retrouver son fils Henrik en Suède. Tout son monde bascule quand, à son arrivée chez lui, elle découvre Henrik mort, couché dans son lit, en pyjama, sans aucune trace de violence. La mort semble tout à fait normale, mais Louise a la conviction qu'il a été tué...

L'idée à la base de la structure du roman est superbe : Louise Cantor mène son enquête comme elle fait son métier d'archéologue. Dans son travail, elle tente de ramasser le plus de morceaux possible pour reconstituer un vase ; ici, avec patience, elle fouillera le passé d'Henrik pour reconstituer sa vie. Ses recherches lui permettent de découvrir différentes strates de l'existence de son fils, de larges pans qu'elle ignorait complètement. On apprend peu à peu ce que fut la vie d'Henrik, on découvre qu'il s'intéressait beaucoup au cerveau de JFK... Pourquoi cet intérêt pour le cerveau d'un président américain assassiné depuis des années ? Et si le cerveau était comme un disque dur duquel on peut extraire des données ? Est-ce ce qui in-

téressait tant Henrik ? Mankell sait ménager ses effets. Il nous livre les informations au compte-gouttes. À partir de minuscules fragments, Louise s'acharne à ce travail de reconstitution qui, inévitablement, donne un rythme plus lent que de coutume à ce roman d'Henning Mankell. Louise elle-même ignore ce qu'elle cherche. On est beaucoup plus près dans ce livre de la quête que de l'enquête. Partout sur la route de Louise, cette lourdeur, cette tristesse qui ne la quitte pas, qui ne quittait pas son fils non plus. Son fils est mort. Plus rien d'autre ne compte. Elle se le répète à l'infini, le martèle, cette petite phrase devient sa litanie, comme pour s'en convaincre. Tous les repères de Louise s'effondrent, tout perd son sens.

Et le lecteur n'a rien vu encore... Car cette tragédie personnelle n'est là que pour ouvrir la porte sur un drame bien plus terrible. On est très loin de Kurt Wallander et du commissariat d'Ystad... L'auteur nous fait voyager en Grèce, en Espagne, en Suède, mais la partie du périple la plus difficile est celle où Louise se pose en Afrique et y découvre les ravages du sida sur ce continent, l'horreur des mouroirs pour sidéens, le lien qu'il semble y avoir avec la mort d'Henrik.

Le Cerveau de Kennedy est loin du polar classique ; tout le livre est basé sur une mort qui n'est peut-être même pas un meurtre… D'autres menaces s'ajoutent (Louise est suivie, deux meurtres auront lieu), mais on sent bien que ce n'est pas l'aspect le plus important du roman. La postface de Mankell est d'ailleurs très éclairante sur ce sujet : « Enfin, un roman peut s'achever à la page 212 ou 384, mais rien n'arrête le cours de la réalité. Ce que j'ai écrit ne dépend que de mes choix personnels, de la même façon que la colère qui m'a poussé à écrire n'appartient qu'à moi. » Mankell ne voulait pas offrir simplement un divertissement, il voulait dénoncer, crier sa révolte. Et il le fait de façon très efficace. On ressort de ce livre inquiet pour l'espèce humaine, inquiet surtout de l'espèce humaine. La lecture trouble, dérange. J'ai hésité avant d'écrire ce texte, ne sachant comment l'aborder. Pour être franche, je n'avais pas envie d'écrire une critique, d'évaluer les qualités — littéraires ou autres — du roman. J'avais plutôt envie d'appeler à l'aide, de toutes mes forces, à l'aide pour l'Afrique, pour l'humanité. **(ML)**

Le Cerveau de Kennedy
Henning Mankell
Seuil, 2009, 392 pages.

❖

Choix mortels

Dean Koontz est un auteur surprenant, capable du meilleur comme du pire. Il fut un temps où j'avais arrêté complètement de le lire car, à l'instar d'un Harlan Coben ou d'un James Patterson qui écrivent souvent plus vite que leur ombre, il finissait par toujours raconter la même sempiternelle histoire.

C'est le texte de la quatrième de couverture qui a attiré mon attention. On sait qu'ils peuvent être trompeurs, leur but évident étant de nous embobiner. Cette fois, ça a fonctionné et je ne

l'ai pas regretté. Le Choix vous appartient est un roman à suspense réglé au quart de tour et qui applique à la lettre les grandes règles du genre dit du roman de la victime. Même s'il a tué ses parents quand il avait quatorze ans (le roman nous dévoile dans quelles tristes circonstances il a commis ce double meurtre), Billy Wiles est un gars sans histoire qui travaille dans une taverne où le patron et les clients le respectent et l'apprécient. Sa femme est dans le coma depuis deux ans et il lui rend visite régulièrement, prend soin d'elle, lui parle, espérant toujours le miracle qui la ramènerait dans le monde des vrais vivants. Et puis un jour sa vie bascule. Après sa journée de travail, il trouve un mot dactylographié sur le pare-brise de sa voiture : *Si vous ne montrez pas ce billet à la police et qu'elle n'intervient pas, je vais tuer une jolie enseignante blonde… Mais si vous montrez ce billet aux policiers, c'est une vieille dame très active que je vais tuer. Vous avez six heures pour décider. Le choix vous appartient.* Pour son ami Lanny Olsen, policier de son état, il s'agit juste d'une plaisanterie de mauvais goût. Mais vingt-quatre heures plus tard, une jeune enseignante blonde est retrouvée assassinée. Et Billy reçoit une nouvelle lettre, avec un nouvel

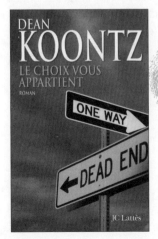

ultimatum. Et une autre… Et les cadavres s'accumulent, alors que l'étau commence à se resserrer autour de Billy. Quand il comprend que le tueur, qui monte les enchères, veut aussi s'en prendre à sa femme, Billy sort les griffes, attrape son revolver et part à la chasse au tueur.

Suspense exemplaire, le récit nous accroche car nous partageons le point de vue, le désarroi, la panique de Billy d'abord incapable de savoir qui lui en veut, qui peut bien vouloir jouer à un jeu aussi sadique. Et puis, peu à peu, il va remonter une piste, trouver un suspect. Koontz sait jouer avec nos nerfs et mène son intrigue à folle allure. Il nous oblige ainsi à continuer notre lecture car comme Billy, nous voulons savoir quel esprit retors et machiavélique a mis au point un plan aussi tordu. Du jour au lendemain, malgré lui, Billy devient une sorte de divinité maléfique, possédant le pouvoir de vie et de mort sur des individus dont il ne sait rien, mais dont il va retrouver les cadavres massacrés par le tueur.

Le choix lui appartient… Un choix terrifiant qui a ceci de pervers : même l'absence de choix, ou le refus du choix, devient un choix en soi. Avec des conséquences forcément tragiques. Seule la victime change ! Face à une telle situation, Billy va se comporter en héros jusqu'à l'ultime dénouement de cette histoire où selon son habitude de bon chrétien, Koontz introduit la petite lueur d'optimisme, cette petite lumière fragile que certains appellent l'espoir. Très efficace ! **(NS)**

134   *Le Choix vous appartient*
Dean Koontz
Paris, JC Lattès, 2009, 380 pages.

❖

En quête de la Vierge de cuir…

La vulgarité, voire la grossièreté, est une des marques de commerce de Joe R. Lansdale. Cela se confirme une fois de plus dans *La Vierge*

de cuir où les personnages sont vulgaires, la langue est vulgaire, les dialogues sont vulgaires, bref, c'est vulgaire… et on aime ça ! Parce que sous la plume d'un Lansdale, d'un Stephen King ou d'un Ken Bruen, la vulgarité devient du grand art, donne une touche humoristique à des drames épouvantables et s'inscrit dans l'identité même de certains personnages qui nous marquent. Mais il faut être un artiste, un maître pour manier un élément aussi sujet à controverse. Quand c'est raté, c'est juste… vulgaire !

Or donc, le journaliste Cason Stalter a perdu son poste dans un journal prestigieux de Houston. Non content de baiser la femme du rédacteur en chef, il a aussi sauté sa belle-fille. Le voilà obligé d'accepter une rubrique de chiens écrasés dans un bled perdu du Texas nommé Camp Rapture, patelin qui se trouve aussi être sa ville natale. Sa patronne, l'imposante Margot Timpson, une sorte de croisement contre nature entre une peau de vache et un yéti, l'a à la bonne malgré ses blagues salaces, ses remarques vaseuses et son petit air fendant. Elle a du chien, du répondant, terrorise ses employés sauf Cason, un vétéran de la guerre du Golfe qui en a vu d'autres. Fouillant

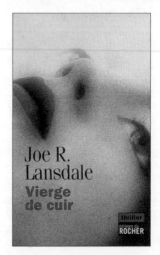

dans les dossiers laissés vacants par une ex-journaliste partie pour des cieux plus cléments, il tombe sur une affaire de disparition jamais résolue : Caroline Allison, une étudiante en histoire de vingt-trois ans à la beauté fascinante, s'est évanouie dans la nature, sans laisser de traces. Il découvre que sa disparition est liée à une série d'événements étranges survenus récemment dans la ville, impliquant un groupe de jeunes « explorateurs urbains », avides de frissons et d'expériences limites. La disparue était la plus enragée du groupe, toujours prête à plus de folies, plus de risques. En fouillant dans cette affaire que l'on croyait morte et enterrée (le shérif de la place clame à qui veut l'entendre qu'il déteste son boulot et qu'il est incompétent), Cason réveille de vieux démons et le temps de le dire, le voici entraîné dans un jeu fatal de chantage, de manipulations et de meurtres. Car cette affaire est bien plus complexe que prévue et elle réservera un paquet de surprises plus désagréables les unes que les autres.

Il est peut-être un tantinet vulgaire, mais on ne s'ennuie jamais avec Lansdale. Ce type ignore la signification de l'expression « temps mort ». Quand ça n'est pas avec une péripétie violente, il attire notre attention avec des personnages surprenants comme ce Boomer, l'inénarrable et imprévisible pote de Cason, rencontré à l'armée et avec qui il a allègrement haché menu quelques soldats ennemis et quelques civils en dommages collatéraux. Ce Boomer, mélange de Terminator et d'Elephant Man, à l'humour calibré comme ses flingues, est un monstre imprévisible, une vraie bombe à retardement, mais Cason est son pote, juré craché, et gare à qui tenterait de lui faire du mal. Il débarquera à point nommé avec l'artillerie appropriée quand la soupe sera vraiment trop chaude.

Avec son action percutante à volonté, ses dialogues super flyés et ses personnages tordus, *Vierge de cuir* est un thriller noir (au vrai sens du terme) extrêmement divertissant. Joe Lansdale est un écrivain au génie très particulier, hyper-

américain jusqu'à la racine des cheveux. J'ai lu plusieurs de ses polars et je ne me suis jamais ennuyé. *Vierge de cuir* est un de mes favoris. **(NS)**

Vierge de cuir
Joe Lansdale
Paris, Du Rocher, 2009, 342 pages.

L'ennui n'est pas vraiment son problème !

Dans l'une des quatre versions (cauchemar de bibliographie !) de son essai *The Simple Art of Murder* (celle de 1950, traduite par Claude Gilbert et publiée dans *Autopsies du roman policier*, 10/18, 1983), Raymond Chandler écrivait ceci, à propos du récit dit *hard-boiled* : « … on demandait constamment de l'action ; si on s'arrêtait pour penser on était perdu. Au moindre doute, faites qu'un homme enfonce la porte, un revolver à la main. » Au début de sa carrière, Chandler a dû douter souvent, car dans *Les Ennuis, c'est mon problème*, volume qui réunit l'intégrale de ses nouvelles, on assiste à un véritable festival du flingue. Tous les personnages, y compris les femmes, sont des armureries ambulantes et à la moindre contrariété, ça se met à tirer comme des malades ! Un vrai feu d'artifice ! Dans certains de ces textes, qui ne

135

font que quelques pages, le nombre de cadavres est plus élevé que dans un roman de *serial killer* de 500 pages !

Ce recueil comprend vingt-cinq nouvelles réunies pour la première fois en français, nouvelles qui ont été publiées dans ces hauts lieux de la culture qu'étaient alors des pulps comme *Black Mask, Detective Fiction Weekly, Dime Detective Magazine* ou *Unknown Magazine.* C'est dans les pages de ces magazines à bon marché que Chandler a fait ses classes. Pas étonnant donc si certains de ses textes sont, disons-le poliment, un peu simplistes (pas sûr, par exemple, que le comité de lecture de votre revue préférée aurait retenu un truc mal fagoté comme « Les Maîtres chanteurs ne tirent pas »). Ce texte un peu primaire accumule tous les poncifs du genre : privé fauché, femme fatale, chantage, gangsters, coups de matraque (dans chacune des nouvelles le héros se fait tabasser au moins une fois : il y a toujours quelqu'un pour jouer de la matraque), fusillades et cadavres en grand nombre. Ce schéma est transposé d'un texte à l'autre, au point qu'il devient parfois difficile de distinguer une histoire d'une autre. Ce sont des histoires distrayantes, sans plus, pour des lecteurs pas trop exigeants. Et avant de me traiter d'iconoclaste anti-chandlérien, souvenez-vous que cet écrivain s'est toujours farouchement opposé à la publication de ces textes en recueil. Ils ont été publiés quand même, mais Chandler était furieux ! D'une certaine façon, il en avait honte, conscient que c'était une production strictement alimentaire, stéréotypée, bourrée de clichés et de poncifs parce qu'écrite sur commande selon des directives assez précises.

D'ailleurs, la lecture de son essai (la version longue) « Simple comme le meurtre », reproduit à la fin de l'anthologie, vous donnera un bon aperçu du peu d'estime dans lequel il tenait le roman policier en général, sa production d'alors en particulier, dont il fait une autopsie sans concession qui frise parfois le sarcasme. Par

contre, il est fascinant de voir, texte après texte, l'évolution du style de cet auteur majeur. D'une nouvelle à l'autre, malgré un schéma rigide et des scénarios répétitifs, son personnage principal s'affine, prend corps, le style se raffermit, les dialogues pétillent, bref, on passe tranquillement de l'édifice préfabriqué au travail original de l'architecte. Philip Marlowe n'est pas loin… Il apparaît d'ailleurs une première fois dans le troisième texte du recueil, « Finger Man » alias « L'Indic » (et non pas dans *The Big Sleep* comme l'affirme Claude Mesplède dans son dictionnaire), nouvelle publiée dans *Black Mask* en 1934. Paumé au milieu des gangsters, des flics corrompus, des maîtres chanteurs, des trafiquants, des putes cocottes de luxe et autres femmes fatales qui règnent dans le Los Angeles des années trente, le héros chandlérien lutte pour rester honnête, garder son honneur et son intégrité, tout en affrontant les pires situations avec humour et un sens de la repartie qui seront les marques de commerce des romans à venir.

Cet ensemble de textes, destiné surtout aux inconditionnels de Chandler, comprend aussi une introduction éclairante d'Alain Demouzon, une bibliographie sélective et « Raymond Chandler et Philip Marlowe au cinéma à la télévision et à la radio », de Jacques Baudou. Précisons que cette édition a bénéficié de traductions nouvelles ou largement révisées afin de restituer le vocabulaire, le rythme et le style de l'auteur. Ça me paraît un minimum… **(NS)**

Les Ennuis, c'est mon problème
Raymond Chandler
Paris, Omnibus, 2009, 1192 pages.

Dans l'univers frappé des polars de Nadine Monfils

J'ai découvert les polars de Nadine Monfils en 2007 avec *Babylone Dreams* (voir « Encore dans la mire », *Alibis* 25). C'est dans ce polar

déjanté que j'ai fait connaissance avec le trio extravagant de l'inspecteur Lynch, son collègue et complice Barn ainsi que Nicki la profileuse, dont Lynch est secrètement amoureux. Il faut croire que Monfils aime les intrigues où ça pète (au sens artificier du terme) puisqu'une fois de plus, son histoire commence par une forte explosion. Alice revient de faire des courses et comme elle a les bras chargés de paquet son voisin, un type serviable, va lui ouvrir la porte du garage. Tout saute ! Y compris le voisin et le mari qui se trouvait dans la maison… Alice échappe à la mort de justesse, mais du mari on ne retrouve qu'un bout de bras, la main, avec une bague qui permet de l'identifier. L'enquête est confiée à Lynch et Barn, avec intervention de Nicki dont les soi-disant pouvoirs spéciaux ne sont d'aucune utilité. Au fur et à mesure que l'enquête progresse, le tueur fait le ménage pour ne pas être pris. Les témoins éventuels sont liquidés et les flics ont bien du mal à voir clair dans ce qui se trame.

La couverture et le titre bizarre de ce livre étrange donnent le ton de l'ensemble : un chien au volant d'une voiture. Cette chienne, pré-nommée Téquila, c'est celle de Lynch, une tor-nade sur pattes mais particulièrement futée. Quand Lynch rentre après une journée de dur labeur, elle a droit à un verre de tequila avec citron lime, après quoi elle squatte son fauteuil favori et lui sourit ! Ça n'est pas la seule bizar-rerie dans ce polar sympathique et distrayant qui se passe à Pandore, un lieu où « les putes dansent la rumba avec les flics, les sous-marins naviguent sur terre, on croise des marchands de rêve, un clochard extralucide, une main baladeuse et un chien alcoolique qui sourit ». Tout le roman baigne dans une atmosphère de cauchemar surréaliste. Bref, on aura compris que Nadine Monfils, une fois de plus, nous em-barque dans une histoire pas comme les autres où les péripéties de l'intrigue ont finalement moins d'importance que les personnages, les dialogues, le style et ces petites touches inso-lites, presque fantastiques qui émaillent ce récit invraisemblable mais qu'on a du mal à lâcher.

À la fin du volume, l'auteure conclut ses re-merciements de la manière suivante : « Et, enfin merci à mes fils de ne pas être traumatisés par une mère qui écrit des trucs pareils ! » L'expression est juste : « des trucs pareils ! » Je vous les recommande. Impeccable pour contrer un petit soir de déprime. **(NS)**

Tequila frappée
Nadine Monfils
Paris, Belfond, 2009, 250 pages.

❖

Les vies de Vince

Première vie de Vince, personnage principal de *Citizen Vince*, de Jess Walter : il était un escroc de New York. Pas un assassin ni rien d'aussi grave : Vince (qui s'appelait alors Marty) se contentait d'arnaques de cartes de crédit, des trucs du genre. Pour des questions d'argent (et de femme, bien sûr !), Vince se fait délateur et est placé sous l'aile du programme de pro-tection des témoins. La deuxième vie de Vince commence : il se retrouve à Spokane, dans l'État de Washington, gérant d'une boulangerie (il fait des *donuts*, comme on dit dans le livre). Après avoir passé trente-six ans à essayer d'éviter ce genre de vie (boulot stable, dodo, routine), voilà qu'il est en plein dedans... et, pire encore, qu'il s'y plaît ! Il se met à aimer cette routine, s'attache à sa nouvelle ville, aux gens qu'il y rencontre — notamment Beth, une prostituée mère d'un jeune enfant. Tout lui semble tellement plus simple qu'il pense même laisser tomber la petite arnaque de cartes de crédit et de revente de drogue qu'il avait mise sur pied... Soudain, le quotidien dérape : un tueur à gages apparaît dans l'existence tranquille de Vince. Ce dernier devra s'enfuir, faire des choix, retourner à New York affronter son passé.

Vince est un personnage très intéressant, réfléchi, avec ses opinions sur la vie, les livres, les gens, la politique — car tout le roman se passe sur fond d'élections américaines de 1980, celles opposant Reagan à Carter (Jess Walter n'est pas tendre à l'endroit de Reagan, dépeint ni plus ni moins comme un idiot !). Pourquoi accorder une telle importance aux élections ? C'est que Vince, pour la première fois, a le droit de voter. Cette impression de pouvoir choisir, de sentir qu'il fait partie de quelque chose de plus grand, d'une société, l'amène à réfléchir beaucoup aux notions de responsabilité, de droits, de liberté, à la soif de pouvoir et d'argent qu'ont la plupart des gens.

L'écriture de Jess Walter est simple et efficace, sans fioritures. Il peint notamment des ambiances très réussies : des salles de poker (tant les tables des vrais durs que celles des joueurs minables), des bars clandestins où s'affairent les prostituées, les rues calmes de Spokane et celles plus animées de New York... De belles réflexions sous-tendent tout le livre, lequel propose entre autres une vision intéressante du programme de protection des témoins... Comment un homme qui perd tous ses liens, ses repères, et qui se retrouve dans une ville inconnue, seul, où tout lui semble différent, peut-il se rebâtir une nouvelle vie ? Il lui faut décidément une grande force, une volonté solide, ce qui ne manque pas à Vince.

Citizen Vince est le premier livre de Jess Walter traduit en français, et j'ai été ravie de tout le potentiel qu'on y retrouve. Ce n'est pas un récit haletant qu'on dévore en moins de deux, mais il propose une belle progression, qui mène à un retournement très réussi à propos du tueur à gages sur les traces de Vince. Le ton est dynamique, la narration bondit d'une scène à l'autre — on aurait d'ailleurs eu parfois intérêt à utiliser des éléments séparateurs entre les scènes, reproche qu'on peut faire à l'éditeur plus qu'à l'auteur... Et puis, pendant qu'on y est, le même éditeur, Rivages pour ne pas le nommer, aurait aussi gagné à faire relire ses épreuves plus rigoureusement pour dépouiller le roman des nombreuses erreurs qu'on y retrouve et qui finissent par agacer... Dommage pour Walter, un auteur à surveiller, assurément. **(ML)**

Citizen Vince
Jess Walter
Paris, Rivages/Thriller, 2009, 336 pages.

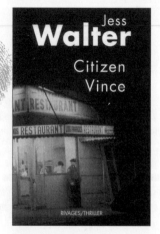

138

❖

« Oslo le mio », chantait le flic norvégien !

Knut Faldbakken, né à Oslo en 1941, a fait des études en psychologie et se consacre à l'écriture depuis 1967. Il vient s'ajouter aux nombreux auteurs scandinaves dits de la « deuxième vague » qui sont traduits en chaîne dans la foulée des succès (mérités) de Henning Mankell et de Stieg Larsson, entre autres. Faldbakken est l'auteur de nombreux romans et de pièces de théâtre, mais *L'Athlète* (titre aussi peu inspirant que la couverture du livre plutôt moche !) est son premier roman policier. Il y aborde un thème qui semble obséder certains auteurs scandinaves (et plus particulièrement les Norvégiens), celui des séquelles de l'occupation allemande pendant la dernière guerre. C'est une problématique que Jo Nesbø avait abordée de manière magistrale dans *Rouge-gorge* et qui a été reprise par certains de ses confrères.

L'histoire se passe dans la petite ville norvégienne de Hamar (qui est aussi la ville natale de l'auteur). Un premier décès survient, puis deux autres qui relèvent du meurtre et cela parmi un groupe de retraités apparemment sans histoire. Rien ne permet d'expliquer des morts étranges et l'enquête piétine jusqu'à ce que le commissaire Valmann comprenne que c'est dans le passé lointain de la Seconde Guerre mondiale qu'il faut chercher les mobiles. La Norvège a connu la botte nazie, l'occupation et son cortège de malheurs : la résistance pour certains, la collaboration et la trahison pour d'autres, les règlements de comptes inévitables, les haines profondes qui s'ensuivent fatalement. L'affaire se complique avec une « chasse au trésor ». Certains collectionneurs sans scrupule convoitent un tableau, une *Descente de la croix* (Jésus étant l'athlète du titre !) provenant de la spoliation de biens juifs. Ce tableau d'une valeur inestimable a échoué chez une quinquagénaire nymphomane et mythomane, qui figure parmi les personnages un peu bizarres de ce

curieux roman. Le brave commissaire découvre que la maison de retraite peut aussi être un véritable nœud de vipères.

L'Athlète est un polar de procédure policière au rythme un peu lent. C'est aussi un roman de mœurs sur fond de folie et d'inceste. L'histoire n'est pas inintéressante, mais pas passionnante non plus. Il y a des personnages fictifs qui vous marquent, que vous gardez en mémoire. Ça n'est pas le cas avec ce commissaire Valmann dont je serais bien en peine de vous dire quoi que ce soit. Si j'ai un souvenir assez précis des grandes lignes de l'intrigue, je serais bien incapable de vous dire à quoi ressemble le protagoniste principal, plutôt fade. En général, ça n'est pas très un bon signe. On va attendre le roman suivant… **(NS)**

L'Athlète
Knut Faldbakken
Paris, Seuil (Policiers), 2009, 362 pages.

❖

Dague à part, Farrow est victime de son ambition !

Commençons le compte rendu de cet étrange bouquin par une énigme : je n'ai pas trouvé trace d'une quelconque version originale de ce soi-disant thriller dont le titre anglais n'est pas non plus mentionné dans l'édition française. Ni l'alias John Farrow, ni l'original Trevor Ferguson n'ont semble-t-il publié de version anglaise de *La Dague de Cartier*, un polar historique qui, quoique passionnant par épisodes, m'a laissé quelque peu perplexe. Les prémisses d'abord : « En 1535, Jacques Cartier découvre les rives sauvages et les tribus indiennes du Nouveau Monde. En signe d'entente, les Iroquois offrent aux Français un poignard tout simple, que le célèbre explorateur fait rehausser de pierres précieuses. Dès lors la *Dague de Cartier* va devenir pour les Canadiens l'objet de toutes les convoitises, trésor et symbole national aux pouvoirs surnaturels : celui qui le possède, dit-on, deviendra tout-puissant et immortel. »

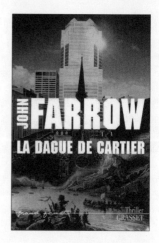

Présenté comme cela, le roman ressemble à un quelconque Da Vinci clone alors que dans les faits ça n'est pas du tout de ça dont il s'agit. En réalité, on est en droit de se demander quel était au juste le projet de Farrow/Ferguson en écrivant ce livre. D'une part, on a un roman historique dans lequel il raconte à sa manière (anglophone, fédéraliste et montréalais) toute l'histoire du Québec, des origines à la Crise d'octobre, en faisant défiler à la barre quelques acteurs connus de ce psychodrame provincial ; Cartier, Champlain, Radisson, Dollard des Ormeaux, diverses tribus indiennes plus fourbes et sadiques les unes que les autres (Farrow n'est pas du tout politiquement correct et appelle un chat un chat et un cannibale un mangeur d'enfants), l'infâme Duplessis, le maire Drapeau, Pax Plante, Camilien Houde, Pierre Elliot Trudeau, René Lévesque (un coureur de jupons infatigable), Camille Laurin (un fasciste notoire, antisémite, anti-anglais et autres pestes), tout en évoquant les épisodes marquants de notre histoire parmi lesquels la grève de l'amiante, l'influence néfaste de l'Ordre de Jacques Cartier, Octobre 70 et l'exil des terroristes, etc. Et au cœur de cette intrigue touffue, un crime devient

prétexte au roman policier. Ce crime a lieu en 1955, lors de l'émeute du Forum, à la suite de la suspension de Maurice Richard. Quelqu'un a voulu dérober la dague de Cartier, placée sous la garde du président de la Ligue Nationale, Clarence Cambell. Les choses ont mal tourné. Le voleur s'est retrouvé avec la dague plantée dans la poitrine et c'est au jeune Émile Cinq-Mars, détective débutant (le personnage central de *La Ville de glace* et *Le Lac de glace*), de mener la délicate enquête qui a d'inquiétantes ramifications politiques.

Côté polar, j'ai nettement préféré les deux romans précédents, car ici l'intrigue est diluée dans le roman historique qui prend largement le dessus. Bref, à la limite, dans ce gros bouquin il y a deux romans en un, même si l'enquête policière s'inscrit parfaitement (mais tardivement) dans le cadre des événements qui secouent la métropole. Ce roman pose l'éternel dilemme auquel est confronté l'écrivain de polar historique : comment concilier les exigences de l'enquête policière, la tradition du polar, avec celle du roman historique qui nécessite force détails et dont le rythme est nécessairement plus lent. L'éditeur résume assez bien les ingrédients de ce gâteau trop riche, qui pêche souvent par excès d'ambition : « Récit de vengeance

familiale, étonnant portrait de Montréal au fil des siècles, roman d'aventures, polar des bas-fonds, des sphères politiques et des sectes occultes ». Ça fait beaucoup pour un récit qui est tout sauf un thriller. Car prétendre cela, c'est comme affirmer qu'un Hummer a un profil de gazelle... **(NS)**
La Dague de Cartier
John Farrow
Paris, Grasset (Thriller), 2009, 622 pages.

Noir sur blanc, tout fout le camp

Le nom de Donald Westlake n'est plus à faire. Décédé à la fin de l'année 2008 après avoir écrit de nombreux romans sous son nom et sous le pseudonyme de Richard Stark, entre autres, l'auteur américain est connu notamment pour sa série mettant en vedette le cambrioleur John Dortmunder, ainsi que pour le ton léger, voire humoristique qu'il applique à ses histoires.

Envoyez les couleurs est une nouvelle tra-duction d'un roman de 1969, paru en français en 1972 sous le titre *Pour une question de peau*.

Oliver Abbott a la fin vingtaine et suit, sans trop se poser de questions, une destinée toute élaborée par son père. Comme ce dernier et

son grand-père, Abbott junior sera professeur à Schuyler Colfax, une école noire dans un quartier pauvre de New York. Mais dès le premier jour d'école, les cours sont sabotés par un groupe de dissidents noirs. C'est qu'Abbott aurait hérité du poste à la place d'un homme de couleur et que, bien évidemment, ses relations familiales ont quelque chose à voir là-dedans.

S'ensuit une grève générale, un feuilleton qui se développe au travers des journaux télé-visés, tout cela avec un Abbott junior qui ignore le pourquoi de la situation, et un Abbott senior borné dans ses principes qui refuse de mettre son fils au parfum.

Peut-être que si Oliver ne s'était pas mis en tête de séduire Léona, une enseignante noire de cette même école, il n'aurait pas reçu de menaces au téléphone, ne se serait pas fait détruire sa voiture, planter une croix du Klan dans sa cour ou encore poursuivre par une bande de malfai-teurs.

Mais c'est plus fort que lui. Ignorant toute l'agitation que cause sa situation, il s'entête à charmer Léona et y parvient. Ce qui ne sera pas sans causer de remous.

J'en suis à mon troisième Westlake. Après une première expérience qui fut un franc succès, le suivant et celui-ci sont plutôt tombés à plat. Je n'irai pas jusqu'à parler d'échec. Ce qui est presque pire. Lire un bon livre est une expérience enivrante. En lire un mauvais l'est presque tout autant, tellement la haine qui se développe au fil de la lecture en devient presque créatrice. Mais lire un livre qui laisse indifférent, d'autant plus qu'il est écrit par un auteur que l'on respecte **141** et apprécie, est une expérience un peu désolante.

Bien que le sujet soit des plus intéressants, le côté cabotin de Westlake en minimise l'im-pact de façon considérable. J'aurais bien aimé voir un Pete Dexter aborder cette thématique. Le personnage d'Oliver Abbott est un peu vide et mal têtu, bien que sympathique. On n'arrive pas à croire à ses réactions et à ses décisions et on le trouve souvent un peu con.

Au moment d'écrire ce livre, Westlake avait près de dix années d'écriture derrière la cravate. Il n'en reste pas moins que *Envoyez les couleurs* est bourré de longueurs, imputables au manque d'expérience. Certaines scènes, cependant, sont tout à fait exquises, comme celle où Abbott rentre chez lui et trouve une foule de piqueteurs devant sa maison, chacun ayant une pancarte et un gobelet à la main, pour découvrir ensuite que c'est sa mère qui leur sert de la limonade...

Ceci étant dit, Westlake a écrit assez de livres pour qu'on y trouve quelques classiques. Mais celui-ci n'en fait pas partie. **(MOG)**

Envoyez les couleurs
Donald Westlake
Paris, Rivages/Thriller, 2009, 335 pages.

❖

Et Pouy quoi encore ?

Les essais sur le roman policier... pardon, le roman noir (dans les circonstances, vous verrez que la nuance est importante)... publiés en français sont une denrée tellement rare et précieuse qu'il serait quasi criminel de les passer sous silence quand d'aventure il en paraît un ! Jean-Bernard Pouy vient de publier *Une brève histoire du roman noir* dans la collection « Brève histoire » dirigée par Jean-Claude Béhard, aux éditions L'Œil neuf. Dans cette collection, un auteur dessine en neuf chapitres l'Histoire et le portrait de son sujet. « Neuf moments comme des ellipses dans l'espace et le temps... d'un instant à l'autre ». Ce qui est joliment dit...

On ne présente plus Pouy, écrivain, éditeur, directeur de collection, un acteur incontournable de la scène « noire française » (je n'ose écrire du polar français, il m'en voudrait !). Le titre le précise bien, ce livre est une « brève » histoire du roman noir. Rien d'universitaire, de pédant, mais au contraire un essai très personnel, très subjectif, ce qui rend la chose d'autant plus intéressante. Pouy écrit autant avec ses tripes

qu'avec sa tête et qu'on soit d'accord ou pas avec certains de ses jugements, de ses critiques, ou de ses prises de position, il reste que ce petit bouquin de 120 pages se traverse d'une traite comme on lirait un journal personnel, ou un blogue (intelligent) imprimé. Et elle a beau être brève, la démonstration fait défiler toutes les sommités du genre, d'Ellroy à Chandler, en passant par Jean Amila, Marc Villard, Donald Westlake, James Cain, Christopher Moore, Jerome Charyn, Caryl Ferey et autres vedettes du noir, catégorie aux limites floues qui fricote parfois allégrement avec le policier et le thriller.

Au chapitre huit, chapitre qui fera grincer quelques dents faniques polardières solidement enracinées, le ton devient polémique, carrément sarcastique. Pouy s'en prend au « polar », terme que manifestement il exècre (tout en l'employant fréquemment, car il est difficile d'y échapper), et/ou au thriller. « Désormais ces putains de polars accompagnent efficacement

la mondialisation (pour le plus grand nombre), le respect du pouvoir (toujours sous-jacent), le libéralisme (la loi du best-seller) et quelques fois l'internationalisme trotskiste (pour les plus « radicaux ») ». Et d'ajouter « Alors, pour en finir totalement avec le polar, il suffit de ne plus en parler ». Ben tiens... Que Pouy aime le roman noir, soit. Rien à redire, bien au contraire. Par contre, je déplore cette attitude largement répandue chez certains amateurs « spécialisés » (d'aucuns diraient « les fans ») qui consiste à lever le nez sur les lectures des autres sous prétexte que hors du noir (ou autre type de bouquin favori) il n'y a point de salut. Le noir, c'est bien, un bon thriller de Ludlum, une énigme de John Dickson Carr, un polar de Michael Connelly, c'est pas mal aussi. Mais bon, Pouy a droit à son coup de gueule idéologique. Se défouler, ça fait du bien ! Que ça ne nous empêche pas d'apprécier à sa juste valeur le reste de cet essai, non dénué d'humour, qui, tout subjectif soit-il, fait tout de même pas mal le tour de la question, avec en prime d'intéressantes pistes de lecture pour ceux qui n'ont pas l'habitude de fréquenter les eaux troubles et violentes de ce type de littérature. Ce qui n'est pas le cas des lecteurs d'*Alibis*, *of course*... **(NS)**

Une brève histoire du roman noir
Jean-Bernard Pouy
Paris, L'Œil neuf (Brève histoire), 2009, 122 pages.

❖

Comment fabriquer une bombe humaine en quelques étapes fort simples

Un automne écarlate rend hommage à ces films d'épouvante qui ont marqué les années 80: *Le Loup-Garou de Londres*, *Vampire, vous avez dit vampire ?*... Situé à l'automne 1986, ce récit de François Lévesque est porté par la nostalgie des années où *The Shining* et *Friday the 13th* faisaient frémir les téméraires devant l'écran. Les éditions Alire nous offrent le plaisir (cou-

pable ?) de revivre cette époque à travers le point de vue de Francis, jeune garçon de huit ans. Suffit d'un chapitre pour être convaincu.

En plus d'encaisser secrètement les quolibets homophobes et autres actes d'intimidation à l'école, l'enfant souffre-douleur vit difficilement la récente séparation de ses parents. À peu près seul au monde, isolé, Francis est en quête de repères : il se réfugie donc dans l'univers du cinéma fantastique, à travers lequel il découvre le monde complexe des adultes, avec tous ses codes. En même temps qu'on le suit dans ses tribulations scolaires et familiales, on est frappé par l'ennui qui le mine. C'est pourquoi il passe le plus clair de son temps à voir encore et encore les mêmes films d'horreur, là où le *réel dérape*. Il y retrouve sa véritable passion, son refuge. La principale réussite du roman réside dans cet art de traduire la détresse enfantine : les plus marquantes pages d'*Un automne écarlate* arrivent à charrier avec sensibilité tout le limon des blessures de l'enfance bafouée. François Lévesque analyse fort justement les questions sociales, voire *politiques*, qui régissent les clans rivaux d'une cour d'école primaire. On n'aime pas se l'avouer, mais « nul n'est plus vil qu'un enfant envers son semblable. » (page 54). Les considérations souterraines de l'œuvre, la plongée psychologique fascinante que l'on nous propose en filigrane donnent une telle profondeur au roman, qu'il supporte avantageusement une seconde lecture.

On sent que l'auteur cherche à rendre crédible le fait que le récit soit écrit à partir du point de vue d'un gamin, avec toutes les limites que cela impose. Or il est hasardeux d'adopter cette stratégie narrative : difficile de ne pas perdre la justesse de ton, la crédibilité à un moment ou à un autre. François Lévesque ne remporte sa gageure qu'à moitié : on note çà et là que Francis est un peu jeune pour avoir certaines idées. Par exemple, il peut être discutable qu'un enfant d'à peine huit ans ait entendu parler de l'ironie... Mais le plus souvent, les

failles sont perceptibles à travers l'usage inadéquat ou mal adapté du discours indirect libre, qui trahit l'âge de celui qui, en vérité, fait telle ou telle réflexion : on sent le poids de la patte d'un homme d'âge mûr et éduqué.

Même s'il a une imagination morbide, nourrie au suc des légendes de vampires et de loups-garous, Francis est un gamin éminemment attachant : curieux, futé, toujours à l'affût. Très observateur, il épie les conversations des adultes, qu'il considère pratiquement d'un point de vue clinique tellement il est fasciné par leurs comportements. À la narration, si soignée sur le plan stylistique, s'oppose une langue tout à fait savoureuse, celle des dialogues des personnages du petit village de Saint-Clovis, qui rend

avec crédibilité la couleur locale des habitants. Plus que l'usage bien maîtrisé du subjonctif imparfait, ce sont des phrases comme « Tels deux îlots blancs égarés au milieu d'une mer rouge, les yeux doux semblaient jaillir du visage ravagé » (pour décrire cette femme dont on vient de retrouver le cadavre) qui donnent toute la charge poétique à un ouvrage pourtant d'une terrible violence.

Quelques meurtres d'enfants secouent la communauté normalement paisible de Saint-Clovis, ponctuant chaque fois le roman de tableaux macabres saisissants. Pourtant, il n'est pas rare que l'auteur fasse une concession au rythme haletant créé par ces scènes au profit de descriptions parfois longues et détaillées de la vie scolaire et enfantine. François Lévesque connaît les rouages de l'écriture d'un *thriller* et ménage quelques ressorts dramatiques bien calculés : discrètement, il sème les graines d'un drame plus corsé qui prendra tout son sens ultérieurement. L'élastique, bien bandé, sera lâché dans les trente dernières pages pour mieux frapper le lecteur, cette fois en plein dans l'œil. Le dénouement, délicieusement malicieux, jette un éclairage nouveau sur les événements relatés ; l'écriture atteint alors, en prime, un véritable état de grâce. Un roman noir mystérieux, tout en demi-teintes, qui se déploie insidieusement. Savant dosage de ténèbres et de lumières. **(SR)**

Un automne écarlate
François Lévesque
Lévis, Alire (Romans 122), 2009, 368 pages.

Ce trente et unième numéro de la revue **Alibis**
a été achevé d'imprimer en juin 2009
sur les presses de Imprimeries Transcontinental inc.,
division Métrolitho.

Imprimé au Canada — Printed in Canada